Alexander Michopoulos

Der deutsche Mittelstand und die strategischen Übernahmen durch chinesische Konzerne

Über die *Made in China 2025*-Strategie der chinesischen Regierung

Bibliografische Information der Deutschen Nationalbibliothek:

Die Deutsche Nationalbibliothek verzeichnet diese Publikation in der Deutschen Nationalbibliografie; detaillierte bibliografische Daten sind im Internet über http://dnb.d-nb.de abrufbar.

Impressum:

Copyright © Science Factory 2019

Ein Imprint der GRIN Publishing GmbH, München

Druck und Bindung: Books on Demand GmbH, Norderstedt, Germany

Covergestaltung: GRIN Publishing GmbH

Kurzfassung

Das Phänomen chinesischer Akquisitionen kann in Deutschland zuletzt immer häufiger beobachtet werden. Neben namhaften Beispielen, wie der Übernahme des Roboterbauers Kuka, ist insbesondere der deutsche Mittelstand mit seinen Hidden Champions ein beliebtes Investitionsziel. Der Anstieg der Übernahmewelle basiert auf der „Made in China 2025"-Strategie der chinesischen Regierung. Die Volksrepublik China verfolgt damit das Ziel, weltweit führender Technologiestandort zu werden. Für die deutsche Volkswirtschaft gilt es, Chancen und Risiken sorgfältig abzuwägen.

Die vorliegende Arbeit analysiert chinesische Akquisitionen aus ressourcen-theoretischer Perspektive. Dabei werden die Entwicklungen von sechs Mittelständlern in Deutschland beobachtet. Die Auswertung kommt zu dem Ergebnis, dass sich die Übernahmen aus China positiv auf die betrachteten Unternehmen ausgewirkt haben. Ein Zusammenhang zwischen den Akquisitionen und ressourcenbasierendem Ursprung in Form von Patentanmeldungen kann in dieser Untersuchung weder bestätigt noch abgelehnt werden. Hierfür sind weitere Forschungen notwendig. Für die langfristigen Auswirkungen auf die deutsche Volkswirtschaft gilt es, die tendenziell positiven Resultate der Übernahmen durch Langzeitstudien und größere Stichproben zu bestätigen. Von besonderem Interesse sind dabei strategische Entscheidungen der Investoren aus China, sobald vertraglich vereinbarte Standortgarantien ablaufen.

Während die Effekte der Unternehmensübernahmen aus volkswirtschaftlicher Sicht weiter beobachtet werden müssen, sind die Auswirkungen aus Sichtweise der Sparkassen in Deutschland gering. Die bisher von Akquisitionen betroffenen Unternehmen sind Großkonzerne und global tätig. Nach Ansicht dieser Ausarbeitung haben sie aufgrund der Unternehmensaufstellung die Hauptbankverbindung üblicherweise nicht bei der regionalen Sparkasse. Dennoch sollten die Firmenkundenabteilungen der Sparkassen-Finanzgruppe der Unternehmensnachfolge einen hohen Stellenwert zugestehen. Wenn das Nachfolgeproblem frühzeitig thematisiert wird, ist ausreichend Zeit vorhanden, um eine geeignete Lösung zu finden. Damit lassen sich Unsicherheiten im Unternehmen und in der Region vermeiden.

Inhaltsverzeichnis

Kurzfassung III

Abkürzungsverzeichnis V

Abbildungsverzeichnis VI

Tabellenverzeichnis VII

1 Einleitung 1

2 Begriffliche und theoretische Grundlagen 3

    2.1 Mergers and Acquisitions 3

    2.2 Mittelstand 6

    2.3 Theoretische Erklärungsansätze für grenzüberschreitende Akquisitionen 10

3 Unternehmensakquisitionen chinesischer Investoren 16

    3.1 Made in China 2025 16

    3.2 Gefahren und Chancen 21

    3.3 Entwicklungen mittelständischer Unternehmen 25

4 Auswirkungen auf die Sparkassen in Deutschland 36

5 Fazit 39

Anhangsverzeichnis 41

Anhang 1: Auswertung der Albert Ziegler GmbH 42

Anhang 2: Auswertung der Putzmeister Holding GmbH 43

Anhang 3: Auswertung der Schwing GmbH 44

Anhang 4: Auswertung der Sanhua AWECO Appliance Systems GmbH 45

Anhang 5: Auswertung der OPS-INGERSOLL Funken-erosion GmbH 46

Anhang 6: Auswertung der EMAG GmbH & Co. KG 47

Literaturverzeichnis 48

Abkürzungsverzeichnis

AG	Aktiengesellschaft
IfM Bonn	Institut für Mittelstandsforschung Bonn
IHK	Industrie- und Handelskammer
KfW	Kreditanstalt für Wiederaufbau
KMU	kleine und mittlere Unternehmen
M&A	Mergers and Acquisitions
MIC	Made in China 2025
RBV	Resource-based View
RDT	Resource Dependence Theory

Abbildungsverzeichnis

Abbildung 1: Überblick der M&A-Formen 5

Abbildung 2: Anzahl der Hidden Champions im Ländervergleich 10

Abbildung 3: Branchenzuordnung chinesischer Firmenbeteiligungen 20

Tabellenverzeichnis

Tabelle 1: Übersicht quantitativer Abgrenzungsmerkmale im Mittelstand................ 7

Tabelle 2: Entwicklung der Mittelständler seit der Übernahme 33

1 Einleitung

China investiert in den letzten Jahren immer mehr Geld in den Wirtschaftsstandort Deutschland. Das bestätigt eine aktuelle Studie der Wirtschaftsprüfungsgesellschaft Ernst & Young. Demnach haben Unternehmen der Volksrepublik China im Jahr 2016 Investitionen in Höhe von 12,56 Milliarden US-Dollar in Deutschland getätigt. Dieser Betrag ist größer als die kumulierte Summe der zehn vorangegangenen Jahre. Im Jahr 2017 erreichten chinesische Firmen mit einem Transaktionsvolumen von 13,68 Milliarden US-Dollar ein neues Rekordergebnis bei deutschen Unternehmenszukäufen. Auch im Jahr 2018 hält dieser Trend an – im ersten Halbjahr sind die Investitionen mit 9,94 Milliarden US-Dollar weiterhin auf hohem Niveau.[1]

Spätestens seit der Milliardenübernahme des Roboterherstellers Kuka oder der gescheiterten Übernahme des Stromversorgers 50Hertz wird dieser Trend in Politik und Wirtschaft kontrovers diskutiert.[2] Ein Kritikpunkt scheint von besonders großem Interesse: die Beteiligung und Einflussnahme der chinesischen Regierung in der aktuellen Investitionswelle.[3] Es bestehen Bedenken gegen einen politisch subventionierten Technologietransfer nach China und die Befürchtung einer damit verbundenen Wettbewerbsverschlechterung deutscher Unternehmen.[4] Daneben gibt es weitere Gefahren und Chancen, die im Rahmen dieser Arbeit thematisiert werden.

Chinesische Übernahmen in dieser Größenordnung sind ein noch junges Phänomen, daher gibt es wenig Praxisbeispiele, welche die diskutierten Kritikpunkte bestätigen oder entkräften. Um einen besseren Eindruck darüber zu bekommen, setzt sich die vorliegende Abhandlung mit der *Entwicklung mittelständischer Unternehmen in Deutschland* auseinander. Dabei werden die Bilanzen von sechs ausgewählten Konzernen vor der Übernahme ausgewertet und mit aktuellen wirtschaftlichen Unterlagen verglichen. Folgende Fragestellungen sind von besonderem Interesse bei der Analyse: Wie haben sich die Unternehmen unmittelbar im Betrachtungszeitraum entwickelt? Hat sich die wirtschaftliche und personelle Aufstellung der Unternehmen am Betrachtungsende im Vergleich zum -beginn verändert? Und inwieweit könnte die strategische Ressourcenkomponente ursächlich für die

---

[1] Vgl. Ernst & Young GmbH (Hrsg.) (2018), S. 9.
[2] Vgl. Haberstock/Schmitt (2018), S. 136.
[3] Vgl. Jungbluth (2018), S. 8.
[4] Vgl. Hanemann/Huotari (2015), S. 45.

Akquisition gewesen sein? Darüber hinaus analysiert dieser Beitrag die *Auswirkungen chinesischer Übernahmen auf die Sparkassen in Deutschland.*

Die Abhandlung untergliedert sich dabei in vier weitere Kapitel. Zu Beginn des nächsten Abschnitts werden die relevanten Begrifflichkeiten „Mergers and Acquisitions" (Kapitel 2.1) und „Mittelstand" (Kapitel 2.2) vorgestellt, sodass ein tieferer Einblick in die Materie gegeben ist. Darauf aufbauend wird die Literatur nach bestehenden Theorien für die Erklärung von Akquisitionen ausgewertet und werden diese themenspezifisch angewandt (Kapitel 2.3). Zur Erklärung des Phänomens „Unternehmensakquisitionen chinesischer Investoren" wird im theoretischen Kontext die „Made in China"-Strategie der Volksrepublik China vorgestellt (Kapitel 3.1). Aus der daraus resultierenden Zunahme der Übernahmen werden Gefahren und Chancen aus deutscher Sichtweise abgeleitet (Kapitel 3.2). Schwerpunkt der Arbeit ist die Analyse anhand von sechs ausgewählten mittelständischen Unternehmen vor und nach der chinesischen Akquisition (Kapitel 3.3). Mögliche Auswirkungen auf die Sparkassen in Deutschland werden in Abschnitt 4 diskutiert. Abschließend erfolgt das Fazit der Untersuchung (Kapitel 5).

2 Begriffliche und theoretische Grundlagen

Für eine vollständige Themenbetrachtung ist es notwendig, die vorhandene Literatur in Bezug auf die erarbeitete Forschungsfrage auszuwerten. Das beinhaltet die Beschreibung und Abgrenzung der wichtigsten Begriffe sowie eine Darstellung der theoretischen Erklärungsansätze für Akquisitionen.

2.1 Mergers and Acquisitions

In der Wirtschaftsliteratur gibt es eine Vielzahl von Begriffsabgrenzungen für „Mergers and Acquisitions" (M&A). Eine allgemeingültige Fassung hat sich bisher nicht durchgesetzt.[5] Häufig werden Begriffe wie „Unternehmenstransaktionen", „Unternehmenskäufe", „Akquisitionen", „Fusionen", „Übernahmen", „Zusammenschlüsse", „strategische Allianzen" oder „Kooperationen" diesem Oberbegriff zugeordnet, ohne im Detail auf Unterschiede einzugehen.[6] Der Ausdruck M&A bedeutet in der deutschen Sprache „Fusion und Erwerb" und bezeichnet den Prozess strategischer Unternehmenskäufe oder Zusammenschlüsse von Unternehmen sowie einzelnen Unternehmenssparten.[7] Die weitgefasste Definition von M&A lässt sich in die Formen *Unternehmenskooperationen* und *Unternehmenszusammenschlüsse* aufgliedern.[8]

Kennzeichnend für eine *Unternehmenskooperation* ist das wirtschaftliche und rechtliche Fortbestehen der beteiligten Gesellschaften. Die relevantesten Formen der Zusammenarbeit sind die strategische Allianz und das Joint Venture. Beim Joint Venture gründen zwei oder mehrere Gesellschaften ein gemeinsames Unternehmen, welches rechtlich selbstständig ist. Die Beteiligten bringen in das neue Unternehmen Kapital und Know-how ein und verfolgen in der Kooperation gemeinsame Interessen. Beispielhaft ist die BSH Hausgeräte GmbH zu nennen, die von der Robert Bosch GmbH und der Siemens AG gegründet wurde, um die Wettbewerbskraft zu erhöhen.[9]

---

[5] Vgl. Horzella (2010), S. 24–26; Wirtz (2014), S. 8.
[6] Vgl. Horzella (2010), S. 24.
[7] Vgl. Achleitner (2002), S. 141; Wirtz (2014), S. 11.
[8] Vgl. Wirtz (2014), S. 11.
[9] Vgl. BSH Hausgeräte GmbH (Hrsg.) (2018), S. 2.

Bei der strategischen Allianz hingegen wird kein gemeinsames Unternehmen betrieben. Vielmehr beruht die Zusammenarbeit auf vertraglichen Regelungen. Trotz der langfristigen Grundausrichtung ist die strategische Allianz verhältnismäßig leicht auflösbar und wird deshalb regelmäßig mit gegenseitigen Minderheitsbeteiligungen verstärkt.[10] Typisch für die strategische Zusammenarbeit im Bereich des Flugverkehrs ist die Star Alliance, bei der sich 28 Fluggesellschaften zu einem Verbund zusammengeschlossen haben.[11]

Bei einem *Unternehmenszusammenschluss* verliert mindestens ein Unternehmen die wirtschaftliche Selbstständigkeit. Dabei kann zwischen Fusion und Akquisition unterschieden werden. Bei der Fusion verschmelzen zwei oder mehrere Gesellschaften rechtlich und wirtschaftlich zu einem neuen Unternehmen. Die bisherigen Gesellschaften geben dabei ihre unternehmerische Selbstständigkeit auf. Nach dieser engen Definition sind Beispiele für echte Fusionen selten zu finden. Viele in der Presse als „Fusion" bezeichnete Unternehmenszusammenschlüsse sind in Wirklichkeit Akquisitionen.[12] Das bestätigt auch eine aktuelle Auswertung der Kreditanstalt für Wiederaufbau (KfW). In den Jahren 2005 bis 2017 wurden 1100 M&A-Transaktionen untersucht, die auf kleine und mittlere Unternehmen (KMU) in Deutschland abzielten. Lediglich 6 Prozent der M&A-Deals in diesem Zeitraum waren Fusionen.[13] Ein bekanntes Beispiel für eine tatsächliche Fusion ist der Zusammenschluss der Thyssen AG und der Friedrich Krupp AG Hoesch-Krupp zur thyssenkrupp AG im Jahr 1999.[14]

Die Akquisition bezeichnet den Kauf eines Unternehmens oder Unternehmensteils mit der Berechtigung, das Unternehmen zu leiten oder zu kontrollieren.[15] Als bekanntes Beispiel für Akquisitionen mit deutscher Beteiligung ist die Übernahme von Monsanto durch die Bayer AG anzuführen.[16] Entsprechend der steuerrechtlichen Ausgestaltung kann eine Unterteilung des Erwerbs in Asset Deal oder Share Deal erfolgen.[17] Eine Unterscheidung der Varianten ist für die Themenbetrachtung

---

[10] Vgl. Wirtz (2014), S. 13-14.
[11] Vgl. Furtner (2011), S. 29; Star Alliance (Hrsg.) (2018), S. 1.
[12] Vgl. Furtner (2011), S. 30; Wirtz (2014), S. 15-16.
[13] Vgl. Gerstenberger (2018), S. 5.
[14] Vgl. thyssenkrupp AG (Hrsg.) (2018), S. 1-2.
[15] Vgl. Wirtz (2014), S. 11.
[16] Vgl. Bayer AG (Hrsg.) (2018), S. 2-3.
[17] Vgl. Achleitner (2002), S. 185; Manthey/Schipporeit (2010), S. 174.

nicht relevant, weshalb an dieser Stelle auf eine detaillierte Beschreibung verzichtet wird.

Im weiteren Verlauf greift die Arbeit auf eine enge Abgrenzung des M&A-Begriffs zurück.[18] Das hat zur Folge, dass *Unternehmenskooperationen* nicht beachtet werden, sondern sich die Untersuchung im Wesentlichen auf *Unternehmenszusammenschlüsse* beschränkt. Wie in Abbildung 1 beschrieben, verliert bei dieser Form mindestens ein Unternehmen die wirtschaftliche Selbstständigkeit. Weitere Merkmale für die Zuordnung der engen M&A-Definition sind der mit dem Kauf oder Zusammenschluss verbundene Erwerb der Leitungs- und Kontrollbefugnis sowie der Wechsel der Eigentumsverhältnisse an betroffenen Unternehmenseinheiten. Diese Definition ist bei der Fusion und Akquisition zutreffend.[19] Als Synonym für M&A werden die Begriffe Übernahme, Fusion, Zusammenschluss und Akquisition verwendet.

Abbildung 1: Überblick der M&A-Formen[20]

Lediglich für statistische Zwecke wird auf den Begriff der Direktinvestition zurückgegriffen. Dieser vermittelt jedoch keine Aussage über strategische Hintergründe, den Verlust von wirtschaftlicher Selbstständigkeit oder den Wechsel der Leitungsbefugnis. Damit ist er nicht zwangsläufig mit einem Unternehmenszusammenschluss gleichzusetzen. Eine Beteiligung gilt als Direktinvestition, wenn der Anteil

---

[18] Vgl. Horzella (2010), S. 27; Wirtz (2014), S. 15.
[19] Vgl. Achleitner (2002), S. 141; Horzella (2010), S. 26; Wirtz (2014), S. 11–16.
[20] Eigene Darstellung in Anlehnung an Wirtz (2014), S. 12.

bei mindestens 10 Prozent liegt. Investitionen dieser Größenordnung sichern dem Käufer in der Regel Kontrollansprüche.[21]

2.2 Mittelstand

Kleine und mittlere Unternehmen, Mittelstand, Familienunternehmen oder mittelständische Unternehmen sind Ausdrücke, die im deutschen Sprachgebrauch häufig als Synonyme verwendet werden.[22] Neben der Vielzahl an Begriffen gibt es eine hohe Anzahl unterschiedlicher Abgrenzungsansätze. Nachfolgend werden die gängigsten Merkmale vorgestellt und die Rahmendbedingungen des Mittelstandsbegriffs für diese Untersuchung definiert. Aus betriebswirtschaftlicher Sicht erscheint es sinnvoll zwischen quantitativen und qualitativen Abgrenzungsmerkmalen zu unterscheiden.[23] Im Anschluss wird die Rolle des Mittelstands in der deutschen Wirtschaft beleuchtet.

2.2.1 Quantitative und qualitative Kriterien

Ein pragmatischer Unterscheidungsansatz für die Einordnung der Unternehmensgröße erfolgt mit der Festlegung quantitativer Kriterien. Häufig werden kleine und mittlere Unternehmen (KMU) nach Mitarbeiteranzahl und Umsatzvolumen unterschieden. Beide Kennzahlen lassen sich empirisch einfach messen und sind daher eine sinnvolle Grundlage für statistische Auswertungen.[24] In Deutschland hat sich die Definition des Instituts für Mittelstandsforschung in Bonn (IfM Bonn) durchgesetzt. Demnach gilt ein Unternehmen als KMU, wenn es weniger als 500 Mitarbeiter beschäftigt und einen Umsatz bis maximal 50 Millionen Euro pro Jahr erwirtschaftet. Sobald eine der Anforderungen überschritten wird, handelt es sich nach der Definition des IfM Bonn nicht mehr um ein Unternehmen dieser Größenordnung.[25] In mehreren Untersuchungen wird als weitere quantitative Variable die Bilanzsumme hinzugezogen.[26] Ein Unternehmen ist nach Empfehlung der Europäischen Kommission nur dann ein KMU, wenn es eine Bilanzsumme von maximal 43 Millionen Euro ausweist oder einen Umsatz von maximal 50 Millionen Euro im Jahr

---

[21] Vgl. Jungbluth (2016), S. 37.
[22] Vgl. Becker/Ulrich (2011), S. 19.
[23] Vgl. Becker/Ulrich (2011), S. 19; Reinemann (2011), S. 2.
[24] Vgl. Reinemann (2011), S. 2-3.
[25] Vgl. Institut für Mittelstandsforschung Bonn (Hrsg.) (2018a), S. 1.
[26] Vgl. Becker/Ulrich (2011), S. 19-20.

erwirtschaftet. Zusätzlich dürfen nicht mehr als 249 Mitarbeiter beschäftigt sein.[27] Zuletzt soll auch die Mittelstandsdefinition der KfW, aufgrund ihrer bedeutsamen Rolle als deutsche Förderbank, nicht unerwähnt bleiben. Die KfW beachtet, neben dem Rückgriff auf die KMU-Definition der Europäischen Kommission, in vielen Berichten einen Unterscheidungsansatz anhand nur einer Messgröße. Dabei werden alle Unternehmen als mittelständisch eingestuft, die einen Umsatz von maximal 500 Millionen Euro pro Jahr ausweisen.[28] Anhand dieser drei Definitionsansätze ist erkennbar, dass je nach Ziel und Zweck unterschiedliche Begriffsgrundlagen verwendet werden und es damit zu verzerrten Aussagen in der Mittelstandsforschung kommt. Bei der Auswertung von empirischen Studien ist daher stets zu prüfen, welche Definition zugrunde liegt.[29] Tabelle 1 hält die drei genannten quantitativen Definitionen überblicksartig fest. Trotz der leichten Messbarkeit wird eine quantitative Abgrenzung in der Literatur als nicht ausreichend bewertet und stattdessen eine Ergänzung oder Ersetzung durch qualitative Kriterien gefordert.[30]

Definitionsansatz	Zielgröße	Mitarbeiteranzahl	Kennzahl aus Jahresabschluss
IfM Bonn	KMU	< 500	bis 50 Millionen Euro Jahresumsatz
Europäische Kommission	KMU	< 250	bis 50 Millionen Euro Jahresumsatz *oder* bis 43 Millionen Euro Bilanzsumme
KfW	Mittelstand	-	bis 500 Millionen Euro Jahresumsatz

Tabelle 1: Übersicht quantitativer Abgrenzungsmerkmale im Mittelstand[31]

---

[27] Vgl. European Union (Hrsg.) (2018), S. 2.
[28] Vgl. KfW Bankengruppe (Hrsg.) (2018), S. 20.
[29] Vgl. Reinemann (2011), S. 4.
[30] Vgl. Daschmann (1994), S. 51–52.
[31] Vgl. Institut für Mittelstandsforschung (Hrsg.) (2018a), S. 1; European Union (Hrsg.) (2018), S. 2; KfW Bankengruppe (Hrsg.) (2018), S. 20.

Die qualitative Sichtweise ordnet den Mittelstand als weiter gefassten Begriff ein und beinhaltet auch Unternehmen, die quantitative Kriterien überschreiten.[32] Verglichen mit quantitativen Ansätzen lassen sich qualitative Merkmale schwierig messen.[33] Das IfM Bonn erweitert die bereits vorgestellten KMU-Kriterien für die Mittelstandsdefinition um das qualitative Merkmal der Einheit von Eigentum und Leitung. Operationalisiert wird diese Größe mit einem Unternehmensanteil in Höhe von mindestens 50 Prozent, der von zwei natürlichen Personen oder deren Familienangehörigen zu halten ist. Zusätzlich ist es notwendig, dass diese natürlichen Personen auch der Geschäftsführung angehören. Trifft das auf ein Unternehmen zu, erfolgt die Zuordnung zum Mittelstand, auch wenn die Kriterien für Mitarbeiteranzahl oder Umsatzgröße überschritten werden. Nach dieser Begriffsbestimmung genügt es, wenn einzig die qualitativen Eigenschaften zutreffen.[34] Stroeder (2008) dagegen beschreibt qualitativ orientierte Definitionsansätze mit drei Aspekten. Erstens muss eine Einheit von Kapital und Leitung existieren – der Unternehmer entscheidet selbstständig und übernimmt Verantwortung für mögliche Konsequenzen. Zweitens ist die wirtschaftliche Existenz des Inhabers mit der des Unternehmens verbunden. Und drittens ist das Unternehmen die Lebensaufgabe des Unternehmers sowie die Bedingung für seine Berufsausübung.[35] Reinemann (2011) erweitert den ersten Aspekt der erforderlichen Einheit von Kapital und Leitung um die Determinante Risiko. Zudem charakterisieren nach seiner Einschätzung flache Hierarchien, persönliche Beziehungen zwischen Unternehmen und Umfeld sowie die Konzernunabhängigkeit den Mittelstand.[36]

In der weiteren Untersuchungsabfolge wird ausschließlich auf die qualitative Eingrenzung der Definition des Mittelstands zurückgegriffen. Als kleinster gemeinsamer Nenner aller vorgestellten Ansätze ist die Einheit von Eigentum und Leitung anzuführen. Diese Gemeinsamkeit wird in der weiteren Themenbetrachtung als Mindestmaß für die Zuordnung zum Mittestand vorausgesetzt. Auf eine Höchstgrenze, wie sie beispielsweise Becker und Ulrich (2009) mit circa 3.000 Mitarbeitern und etwa 600 Millionen Euro Umsatzvolumen vorschlagen, wird an dieser

---

[32] Vgl. Institut für Mittelstandsforschung (Hrsg.) (2018b), S. 1.
[33] Vgl. Reinemann (2011), S. 6.
[34] Vgl. Institut für Mittelstandsforschung (Hrsg.) (2018b), S. 1.
[35] Vgl. Stroeder (2008), S. 32.
[36] Vgl. Reinemann (2011), S. 5-6.

Stelle verzichtet.[37] In der Mittelstandsforschung gibt es bisher keinen eindeutigen Beweis, dass ab dieser Größenklasse kein mittelständischer Bezug mehr gegeben ist.[38]

2.2.2 Volkswirtschaftliche Bedeutung

Der Mittelstand wird als das Rückgrat der deutschen Wirtschaft bezeichnet.[39] Nach einer Auswertung des IfM Bonn im Jahr 2016 erwirtschafteten KMU mit 2,27 Billionen Euro einen Anteil in Höhe von 35,3 Prozent des gesamtdeutschen Umsatzes. Im internationalen Geschäft haben diese Unternehmensgruppen mit einem Exportumsatz von 208,2 Milliarden Euro eine tragende Funktion in Deutschland.[40] Auch als Arbeitgeber sind deutsche Mittelständler bedeutungsvoll. Zu diesem Schluss kommt die KfW in ihrem Bericht der jährlichen Struktur- und Entwicklungsanalyse. Demnach lag der Anteil der mittelständischen Betriebe an der gesamtwirtschaftlichen Erwerbstätigkeit im Jahr 2017 bei über 70 Prozent.[41]

Wichtige Erfolgsfaktoren dieser Unternehmensklasse sind die sogenannten Hidden Champions. Der Ausdruck bezeichnet Unternehmen, die in der Öffentlichkeit kaum bekannt sind, in ihrer Geschäftstätigkeit aber als Weltmarktführer agieren. Simon (2013) definiert Hidden Champions anhand von drei Kriterien:[42]

- entweder Nummer-eins-Unternehmen eines Kontinents in der jeweiligen Branche, andernfalls Nummer eins, zwei oder drei der Branche auf dem Weltmarkt,
- weniger als 5 Milliarden Euro Jahresumsatz und
- geringer Bekanntheitsgrad in der Öffentlichkeit.

Basis für den Erfolg der Hidden Champions ist das Zusammenspiel von Fokussierung und Globalisierung. Unter Fokussierung wird die Beschränkung auf gewisse Zielgruppen, Produkte oder Dienstleistungen verstanden. Die Unternehmen konzentrieren sich dabei auf ihre Kernkompetenzen und zeichnen sich durch eine hohe Effizienz und Fertigungstiefe aus. Das Leistungsangebot ist entlang der

---

[37] Vgl. Becker/Ulrich (2009), S. 4.
[38] Vgl. Reinemann (2011), S. 7.
[39] Vgl. Becker/Ulrich (2009), S. 3.
[40] Vgl. Institut für Mittelstandsforschung (Hrsg.) (2018c), S. 1.
[41] Vgl. KfW Bankengruppe (Hrsg.) (2018), S. 1.
[42] Vgl. Simon (2013), S. 185.

Wertschöpfungskette ausgedehnt und bis in das kleinste Detail weiterentwickelt. Dieser Fokus, in Verbindung mit der globalen Vermarktung, führt zu enormen Wachstumspotenzialen bis hin zur Marktführerschaft.[43] Deutschland hat im Verhältnis zu anderen Ländern eine besonders hohe Anzahl an mittelständischen Marktführern, wie Abbildung 2 veranschaulicht. Im Ausland wecken diese Unternehmen zunehmend Interesse und sind damit auch für chinesische Investoren ein begehrtes Übernahmeziel.[44]

Abbildung 2: Anzahl der Hidden Champions im Ländervergleich[45]

2.3 Theoretische Erklärungsansätze für grenzüberschreitende Akquisitionen

In diesem Kapitel werden theoretische Erklärungsansätze für Direktinvestitionen aus China in deutsche mittelständische Unternehmen ermittelt. Als besonders aussichtsreich stellen sich nach Auswertung der Literatur der Resource-based View und die Resource Dependence Theory heraus. Die beiden Ansätze werden im folgenden Verlauf vorgestellt und themenspezifisch angewendet.

---

[43] Vgl. Simon (2013), S. 187.
[44] Vgl. Emons (2013), S. 16.
[45] Eigene Darstellung in Anlehnung an Bundesministerium für Wirtschaft und Energie (Hrsg.) (2014), S. 8.

2.3.1 Resource-based View

Die Kernaussage des Resource-based View (RBV) besteht in der Erklärung von Wettbewerbsvorteilen eines Unternehmens gegenüber seinen Konkurrenten. Nach der Annahme von Penrose (2009) ist ein Unternehmen eine Ansammlung von Ressourcen.[46] Barney (1991) unterscheidet zwischen tangiblen und intangiblen Ressourcen. Intangible Vermögenswerte sind beispielsweise Technologien, Wissen, Marken, Strukturen oder die Unternehmenskultur.[47] Mithilfe der verfügbaren Ressourcen kann ein Unternehmen Wettbewerbsvorteile schaffen, die das Fortbestehen der Organisation sichern. Unternehmen stehen deshalb in ständiger Konkurrenz um verfügbare Ressourcen. Barney ist außerdem der Meinung, dass es mit besonderen Ressourcen gelingt, Wettbewerbsvorteile langfristig und nachhaltig zu generieren. Diese Ressourcen müssen folgende Eigenschaften besitzen: wertvoll, knapp, unersetzlich und nicht imitierbar.[48] Eine weitere Entwicklung des RBV ist der Knowledge-based View, bei dem die Ressource Wissen eine herausragende Stellung einnimmt. Grant (1996) folgt der Sichtweise, dass ein Unternehmen eine Organisation ist, in der Wissen produziert, gespeichert und integriert wird.[49]

Die Grundaussagen des RBV erklären, wie Unternehmen ihre Wettbewerbsvorteile verbessern. Mathews (2002) kritisiert allerdings, dass der RBV keinen Rückschluss zulässt, wie Unternehmen überhaupt erst in die Position von Wettbewerbsvorteilen gelangen.[50] Er untersucht diesen Ansatz anhand von Nachzüglerfirmen aus dem asiatisch-pazifischen Raum, die mit wenig vorhandenen Ressourcen in wissensintensive Branchen eingedrungen sind. In der praktischen Anwendung hat sich herausgestellt, dass Ressourcenvorteile nicht vollkommen unnachahmbar, unübertragbar oder dauerhaft sind. Daraus abgeleitet vertritt Mathews die These, dass Unternehmen bei der Eroberung neuer Märkte auf Ressourcen abzielen, die zwar selten sind, jedoch auch leicht imitiert und übertragen werden können.[51] Dabei verfolgen die Unternehmen nicht das Ziel, ewig als Nachahmer von Vermögenswerten zu agieren. Vielmehr möchten sie damit zu einem hochentwickelten Unternehmen

---

[46] Vgl. Penrose (2009), S. 21.
[47] Vgl. Barney (1991), S. 101.
[48] Vgl. Barney (1991), S. 116.
[49] Vgl. Grant (1996), S. 384.
[50] Vgl. Mathews (2002), S. 467.
[51] Vgl. Mathews (2002), S. 481.

reifen, das eigene Ressourcen produziert. Als Beispiel beschreibt Kim (1997) den Konzern Samsung, welcher zu Beginn der Unternehmenshistorie wertvolle Ressourcen imitierte, um später als führender Chiphersteller selbst Innovationen zu generieren.[52]

Aufbauend auf dieser Ausgangslage ist es möglich, strategische Investitionen chinesischer Unternehmen in Deutschland zu erklären. Mit Unternehmensübernahmen gelingt es Zhang et al. (2018) zufolge, sich das Wissen einer Organisation anzueignen und Synergieeffekte auf das eigene Unternehmen anzuwenden.[53] In umkämpften Märkten benötigen chinesische Unternehmen strategische Vermögenswerte, um Wettbewerbsvorteile zu generieren. Der Zusammenhang von strategischen Ressourcen und einer positiven Unternehmensentwicklung wurde in einer empirischen Studie, basierend auf Daten aus 29.000 Unternehmen, untersucht. Aus den Ergebnissen schließen Crook et al. (2008), dass der Besitz strategischer Ressourcen erhebliche Vorteile gegenüber Mitbewerbern ermöglicht.[54] Doch diese Ressourcen sind in China kaum verfügbar und schwer zu entwickeln, weshalb chinesische Unternehmen die Übernahme von Firmen im Ausland als effektiven Weg zur Ressourcengewinnung nutzen.[55] Auch Shimizu et al. (2004) stellen fest, dass M&A einer Unternehmensneuansiedlung vorzuziehen sind, wenn es darum geht schnellen Zugang zu wertvollen Ressourcen im Ausland zu erlangen.[56] Für die Entfaltung der Wettbewerbsvorteile ist es entscheidend, die Ressourcen anschließend erfolgreich in die Organisation zu integrieren.[57]

2.3.2 Resource Dependence Theory

Die Resource Dependence Theory (RDT) wird im Wesentlichen auf Grundlage der ersten Veröffentlichung von Pfeffer und Salancik aus dem Jahr 1978 beschrieben. Die Publikation gilt nach Hillman et al. (2009) als eine der einflussreichsten Theorien in der Lehre des strategischen Managements. In der Kernaussage befasst sie sich mit der Beziehung eines Unternehmens zu seinem externen Unternehmens-

---

[52] Vgl. Kim (1997), S. 97–99.
[53] Vgl. Zhang/Wu/Zhang/Lyu (2018), S. 4.
[54] Vgl. Crook/Ketchen/Combs/Todd (2008), S. 1150.
[55] Vgl. Deng (2009), S. 83.
[56] Vgl. Shimizu/Hitt/Vaidyanath/Pisano (2004), S. 320; Xu/Petersen/Wang (2012), S. 13.
[57] Vgl. Ranft/Lord (2000), S. 314.

umfeld.[58] Pfeffer und Salancik (2003) beschreiben, dass ein Unternehmen nicht über alle notwendigen Ressourcen verfügt, die es für eine vollständige Leistungserbringung benötigt. Durch den erforderlichen Bezug zur Umwelt gelingt es keinem Unternehmen seinen Fortbestand alleine zu sichern. Jede Organisation ist gezwungen sich mit dem externen Umfeld auszutauschen.[59] Durch diese Zwangsbeziehung entstehen Macht- und Abhängigkeitspositionen. Emerson (1962) beschreibt, dass die Macht des Unternehmens A über Unternehmen B durch die Kontrolle von Ressourcen entsteht, die B benötigt und die sonst nicht für B verfügbar sind. B ist in dem Grad von A abhängig, wie A Macht über B hat. Je wichtiger die Ressource für B ist und je schwieriger sie außerhalb der A-B-Beziehung bezogen werden kann, umso höher ist die Abhängigkeit des Unternehmen B.[60] Pfeffer (1976) definiert die Abhängigkeit von der Unternehmensumwelt als Unsicherheit. Ziel des Unternehmens ist es, diese Macht-Abhängigkeits-Beziehung zu kontrollieren und damit Unsicherheiten zu minimieren. Möglich ist das durch den Erwerb, die Steuerung und den Erhalt der benötigten Ressourcen.[61]

Hillman et al. (2009) sowie Davis und Cobb (2010) zufolge ist die Akquisition eine der wichtigsten Optionen für Unternehmen, um Umweltunsicherheiten zu steuern.[62] Angelehnt an die Argumentation von Pfeffer (1962) gibt es weitere Argumente, welche die M&A-Aktivitäten chinesischer Firmen begründen. Mit der Übernahme werden Wettbewerber ersetzt, die damit nicht mehr mit dem eigenen Unternehmen konkurrieren. Es können Interdependenzen zwischen Unternehmen gesteuert werden, die entweder Quelle des Inputs oder Abnehmer des Outputs sind. Außerdem ist die Organisation durch die Diversifikation der Geschäftstätigkeit unabhängiger vom externen Umfeld.[63] Chinesische Firmen reduzieren damit Ressourcenabhängigkeiten und Unsicherheiten.

Es ist zweifelhaft, ob sich bei einer Unternehmenskooperation die gleichen positiven Effekte erzielen lassen wie bei einem Zusammenschluss. Nach Reid et al. (2001) ist die Motivation für die Bildung einer strategischen Allianz besonders

---

[58] Vgl. Hillman/Withers/Collins (2009), S. 1404.
[59] Vgl. Pfeffer/Salancik (2003), S. 2-3.
[60] Vgl. Emerson (1962), S. 32-33.
[61] Vgl. Pfeffer (1976), S. 37.
[62] Vgl. Hillman/Withers/Collins (2009), S. 1406; Davis/Cobb (2010), S. 37.
[63] Vgl. Pfeffer (1976), S. 39.

stark, um Zugang zum Wissensbestand der Partnergesellschaft zu erlangen.[64] Im Gegensatz zur Allianz stellt die Akquisition jedoch nach Casciaro und Piskorski (2005) eine vollständige Möglichkeit der Resorption dar. Verglichen mit einer Kooperation erhält das Unternehmen im Zuge einer Akquisition oder Fusion alleinigen Zugang zur Ressource. Damit wird die persönliche Machtposition des Unternehmens gestärkt.[65]

Argumente gegen eine Unternehmensneugründung liefert Chen (2012), der im Kontext der Untersuchung ebenfalls die Variante der Akquisition bevorzugt. Nach seinen Untersuchungsergebnissen ist die Übernahme insbesondere für Schwellenländer die wichtigste Taktik, um den Eintritt in ausländische Märkte erfolgreich zu gestalten. Damit wird der Wettbewerbsnachteil als Folge der fehlenden strategischen Ressourcen ausgeglichen und die Verhandlungsmacht gegenüber lokalen Unternehmen erhöht.[66] In Industriestaaten ist nach Rabbiosi et al. (2012) eine Vielzahl strategischer Ressourcen vorhanden, die durch die Akquisition nicht über die externe Unternehmensumwelt beschafft werden müssen.[67] Im Unterschied zur Unternehmensneugründung wird der Mitbewerber durch die Übernahme außerdem Bestandteil der eigenen Organisation. Damit verbessert sich die Konkurrenzsituation im betroffenen Markt.

Die bisherigen Argumente liefern jedoch noch keine Aussage, warum chinesische Firmen in das Ausland expandieren, anstatt die Ressourcen im Inland zu beschaffen. Aus Sicht der Unternehmen gibt es diverse Ursachen für internationale Akquisitionen. So führt nach Xa et al. (2014) der Ressourcendruck kritischer Inlandsmärkte dazu, dass Firmen auf Handelsplätze im Ausland ausweichen.[68] Grenzüberschreitende M&A-Aktivitäten ermöglichen es, natürliche oder strategische Ressourcen zu erwerben, die im chinesischen Markt entweder teuer oder nicht verfügbar sind. Weiterhin wird die internationale Expansion von Buckley et al. (2013) damit begründet, dass der begrenzte Binnenmarkt in China möglicherweise nicht

---

[64] Vgl. Reid/Bussiere/Greenaway (2001), S. 87–88.
[65] Vgl. Casciaro/Piskorski (2005), S. 168.
[66] Vgl. Chen/Li/Shapiro (2012), S. 206.
[67] Vgl. Rabbiosi/Elia/Bertoni (2012), S. 199.
[68] Vgl. Xia/Ma/Lu/Yiu (2014), S. 1344.

ausreicht, um Umweltunsicherheiten der Unternehmen auf ein Zielniveau zu minimieren.[69]

Trotz ihres Status als führender Theorie zum Verständnis von Organisation-Umwelt-Beziehungen ist die RDT nur selten getestet worden.[70] Es gibt wenig empirische Studien, die den Zusammenhang der Theorie mit M&A-Aktivitäten bestätigen. Insbesondere grenzüberschreitende Akquisitionen durch Schwellenländer werden in der Forschung kaum beachtet.[71] Casciaro und Piskorski (2005) fanden in einer Studie interessante Ansätze, welche auf die Theorie unterstützend einwirken. Die Untersuchung beschäftigt sich mit Fusions- und Übernahmeaktivitäten. Dabei stellen die Autoren fest, dass sich ein Marktungleichgewicht und Abhängigkeiten auf die M&A-Neigung des jeweiligen Unternehmens auswirken. Gegenseitige Abhängigkeiten treiben Fusionen und Übernahmen an. Demgegenüber sind Firmen in ausgeprägter Machtposition weniger bereit Zusammenschlüsse mit anderen Unternehmen einzugehen.[72] Obwohl wesentliche Entwicklungen oder Verfeinerungen der Theorie fehlen, skizziert die RDT nach Hillman et al. (2009) vielversprechende Vorarbeiten für die Erklärung der Abhängigkeit der Unternehmen von ihrer Umwelt.[73] Die daraus gewonnenen Erkenntnisse helfen die Hintergründe chinesischer Akquisitionen und des vom Staat auferlegten „Made in China 2025"-Programms nachzuvollziehen.

---

[69] Vgl. Buckley/Elia/Kafouros (2013), S. 612–615.
[70] Vgl. Pfeffer (2003), S. xxiv; Deng/Yang (2015), S. 170.
[71] Vgl. Deng (2013), S. 531.
[72] Vgl. Casciaro/Piskorski (2005), S. 192.
[73] Vgl. Hillman/Withers/Collins (2009), S. 1419.

3 Unternehmensakquisitionen chinesischer Investoren

Im folgenden Kapitel werden die Übernahmen chinesischer Investoren im Detail untersucht. Zunächst wird, bezugnehmend auf die ressourcentheoretischen Erklärungsansätze aus Abschnitt 2.3, die Wirtschaftsstrategie der chinesischen Regierung vorgestellt. Daraus werden Gefahren und Chancen aus der Sicht der deutschen Bevölkerung abgeleitet. Abschließend erfolgt der Kernaspekt der Auswertung: die Entwicklungsanalyse mittelständischer Unternehmen seit deren Übernahme.

3.1 Made in China 2025

Bereits seit dem Jahr 2000, als die chinesische Regierung die Going-Global-Strategie verkündete, ist ein Anstieg der weltweiten Investitionen aus China zu beobachten.[74] Damals sicherten sich Chinas Unternehmen mit Auslandsinvestitionen den Zugang zu natürlichen Ressourcen. Rohstoffe wurden dringend benötigt, da China als „Fabrik der Welt" mit hohem Ressourcen- und Rohstoffeinsatz massenhaft Produkte für das Exportgeschäft produzierte. Chinesische Unternehmen waren nicht mehr in der Lage, die benötigten Rohstoffe vollständig im Inland zu beziehen.[75] Das führte zu Abhängigkeiten von Importgütern aus dem Ausland und schlussfolgernd zu Versorgungsunsicherheiten nach der RDT. Häufig wurde in der Wissenschaft beobachtet, dass Unternehmen in fremde Länder expandieren, wenn Ressourcen im Inland nicht verfügbar sind oder die nationale Wettbewerbsfähigkeit ein bestimmtes Niveau erreicht hat.[76]

In der Situation des stark wachsenden Produzenten waren Chinas Unternehmen häufig mit dem Vorwurf konfrontiert, den Markt mit qualitativ minderwertiger Ware zu überschwemmen. Tatsächlich haben sich chinesische Anbieter in der Vergangenheit darauf spezialisiert Produkte kostengünstig anzufertigen, nicht neue Produktinnovationen zu entwerfen.[77] Umweltschutz sowie effizienter Kapital- und Technologieeinsatz waren im bisherigen Produktionsablauf von nachrangiger Bedeutung.[78] Inzwischen möchten die Unternehmen der Volksrepublik das Image als

---

[74] Vgl. Xu/Petersen/Wang (2012), S. 6.
[75] Vgl. Xu/Petersen/Wang (2012), S. 13.
[76] Vgl. Cantwell/Barnard (2008), S. 57; Dunning/Kim/Park (2008), S. 172–173.
[77] Vgl. Shi (2017), S. 71.
[78] Vgl. Jungbluth (2013), S. 27.

„Billiganbieter". In ihrer Rolle als Zulieferer sind die chinesischen Unternehmen zu abhängig von der Ressource Wissen.[79] Um ihre Ressourcenabhängigkeit von der Unternehmensumwelt zu minimieren, sollen Chinas Firmen künftig als Innovationsführer agieren, anstatt für ausländische Auftraggeber lediglich die Produktion auszuführen.

Aus diesen Grundannahmen verabschiedete der chinesische Staatsrat im Jahr 2015 die Strategie „Made in China 2025" (MIC), die den ersten Teil eines Drei-Phasen-Plans darstellt. Zum 100. Geburtstag der Volksrepublik möchte China am Ende des dritten Abschnitts im Jahr 2049 der weltweit führende Technologie- und Innovationsstandort sein.[80] Für die Zielerreichung wurden neun strategische Schwerpunkte festgelegt. Einer dieser Kernaspekte formuliert zehn Schlüsselsektoren, in denen die chinesische Regierung den technologischen Durchbruch fordert. Diese Sektoren sollen mit intelligenten Informations-, Design- und Produktionsprozessen ausgestattet werden. Damit können die Strukturen in der Branche weiter optimiert und anschließend auf den gesamten industriellen Sektor angewendet werden. Als Zielgröße erwartet die chinesische Regierung bis 2025 die Senkung der operativen Kosten, des durchschnittlichen Produktionszyklus und der Anzahl defekter Produkte um 50 Prozent sowie eine wesentliche Steigerung des Marktanteils in den zehn definierten Sektoren.[81] Die Schlüsselsektoren der MIC-Strategie sind:[82]

- Informationstechnologie der neuen Generation
- computergestützte High-End-Maschinen, Robotertechnologie
- Luft-, Raumfahrttechnik
- High-End-Schiffe, Meerestechnik
- fortschrittliche Schienenverkehrstechnik
- energiesparende Fahrzeuge, Fahrzeuge mit alternativer Antriebstechnik
- Energietechnik
- landwirtschaftliche Maschinen
- neue Materialien
- Bio-Medizin und medizinische High-Tech-Geräte

---

[79] Vgl. Shi (2017), S. 71.
[80] Vgl. Jungbluth (2018), S. 16; Shi (2017), S. 72.
[81] Vgl. Shi (2017), S. 73–74.
[82] Vgl. Jungbluth (2018), S. 16; Shi (2017), S. 74; Wübbeke/Meissner/Zenglein/Ives/Conrad (2016), S. 19.

Die weiteren Aufgaben der chinesischen Strategie sind die Steigerung der nationalen Innovationsfähigkeit, Integrationsvertiefung der Informationstechnologien, Weiterentwicklung der dienstleistungsbasierten Fertigung, Verbesserung der industriellen Basisfähigkeiten, Stärkung der Produktqualität, Generierung von eigenen Marken, Umsetzung umweltfreundlicher Produktion, Fortentwicklung der Umstrukturierung und die Erhöhung des Internationalisierungslevels im Industriesektor.[83] Dabei erhalten die inländischen Unternehmen umfangreiche Unterstützung seitens der chinesischen Regierung, wie zum Beispiel die verbesserte Bereitstellung von Finanzierungsquellen, Steuererleichterungen bei Forschungs- und Entwicklungsaktivitäten sowie vereinfachte Genehmigungsverfahren in Innovationsprojekten.[84]

Anhand der vorgestellten Strategie ist erkennbar, dass China für die Erreichung der Ziele eine Vielzahl strategischer Ressourcen benötigt. Li (2018) nennt an dieser Stelle die kritischen Ressourcen Fertigungsfähigkeiten, Humankapital sowie Forschung und Entwicklung. In den letzten Jahren wurde in China an den Ursprungsquellen gearbeitet. Dennoch sind diese Ressourcen zum jetzigen Zeitpunkt aufgrund der historisch bedingten Industriestruktur nur begrenzt im Inland verfügbar.[85] Zwar zeigt eine Studie von Boeing et al. (2015), dass die Quantität der in China angemeldeten Patente in den letzten Jahren stark angestiegen ist, jedoch kann keine Verbesserung der Produktivität festgestellt werden.[86] Zweifelhaft bleibt in diesem Zusammenhang die Qualität der chinesischen Patentanmeldungen. Um möglichst schnell Wissensressourcen zu kontrollieren, sind M&A-Aktivitäten ein effektiver Lösungsansatz.[87]

Deutschland ist bei detaillierter Betrachtung ein lukratives Investitionsziel. Neben dem Zugang zum europäischen Markt erhält das Akquisitionsunternehmen Einblicke in das vorhandene Know-how der Schlüsseltechnologien.[88] Zudem weist die deutsche Wirtschaftsstrategie „Industrie 4.0" viele Parallelen zu MIC auf. Als Beispiele können die Anwendung und Weiterentwicklung der Digitalisierung,

---

[83] Vgl. Jungbluth (2018), S. 16; Shi (2017), S. 72–75.
[84] Vgl. Shi (2017), S. 75.
[85] Vgl. Li (2018), S. 67.
[86] Vgl. Boeing/Mueller/Sandner (2015), S. 173.
[87] Vgl. Shimizu/Hitt/Vaidyanath/Pisano (2004), S. 320; Xu/Petersen/Wang (2012), S. 13.
[88] Vgl. Jungbluth (2018), S. 15.

künstliche Intelligenz sowie das Internet der Dinge angeführt werden.[89] Für China ist jedoch nicht nur das technologische Wissen interessant. Unternehmen des deutschen Mittelstands haben weltbekannte Industriemarken sowie gut funktionierende Vertriebsstrukturen.[90] Besonders Hidden Champions, die in Deutschland häufig anzutreffen sind, profitieren von schlanken Organisationen. Deren Kombination aus Prozessstruktur und hochqualifizierten Mitarbeitern bietet ausgeprägte Wettbewerbsvorteile. Damit sind Hidden Champions ein Vorbild für Unternehmen jeder Größenklasse.[91]

Die statistische Auswertung bestätigt, dass die Vorzüge des deutschen Standorts bei chinesischen Unternehmen gefragt sind. Demnach ist Deutschland das begehrteste Investitionsziel in Europa. Allerdings liegt der Anteil der Beteiligungen in Deutschland in nationalen Statistiken für das Jahr 2016 bei nur 1,2 Prozent der gesamtchinesischen Investitionen und hat mit einem Volumen von 2,4 Milliarden US-Dollar noch Steigerungspotenzial. Schwer nachzuvollziehen ist jedoch, inwieweit chinesische Firmen Akquisitionen über Tochterunternehmen mit Sitz im asiatischen Ausland umsetzen. Dieser Faktor beeinträchtigt die Aussagekraft der Statistik. Die tatsächliche Investitionshöhe in deutsche Firmen wird aller Erwartung nach um ein Vielfaches höher liegen.[92] Die Wirtschaftsprüfungsgesellschaft Ernst & Young ermittelt beispielsweise in einer Untersuchung für das gleiche Jahr einen Wert von 12,56 Milliarden US-Dollar. In dieser Analyse sind Unternehmen aus China und Hongkong sowie deren Tochterfirmen einbezogen.[93]

In einer aufschlussreichen Studie untersucht Jungbluth (2018) den Zusammenhang der MIC-Strategie mit dem Investitionsverhalten in Deutschland. Betrachtet werden dabei 175 Firmenbeteiligungen durch chinesische Unternehmen in den Jahren 2014 bis 2017. 64 Prozent der Übernahmen, also 112 Unternehmen, lassen sich den definierten Schlüsselbranchen der chinesischen Regierung zuordnen (siehe Abbildung 3). Bei ausschließlicher Betrachtung der Investitionen mit einer Beteiligungsquote von mehr als 50 Prozent liegt der Anteil sogar bei 74 Prozent.[94]

---

[89] Vgl. Li (2018), S. 68.
[90] Vgl. Jungbluth (2013), S. 9.
[91] Vgl. Simon (2013), S. 188-189.
[92] Vgl. Jungbluth (2018), S. 12.
[93] Vgl. Ernst & Young (Hrsg.) (2018), S. 9.
[94] Vgl. Jungbluth (2018), S. 17.

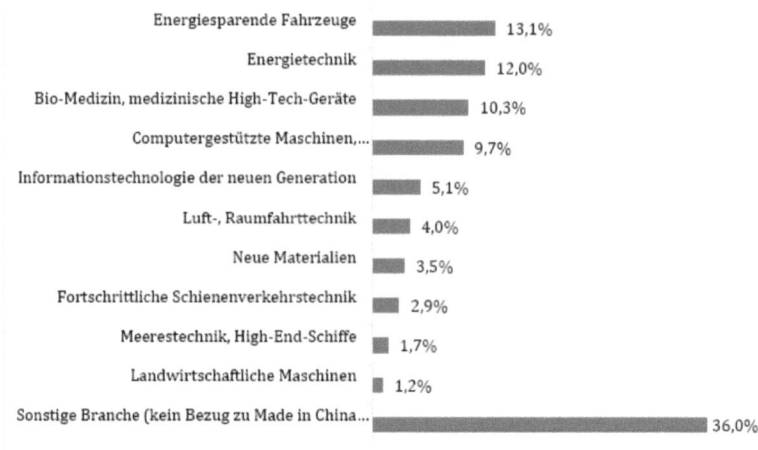

Abbildung 3: Branchenzuordnung chinesischer Firmenbeteiligungen[95]

Außerdem kann festgestellt werden, dass sich Investitionen seit der Strategieverkündung deutlich in die Schlüsseltechnologien verlagern. Zuvor kaum beachtete Branchen wie Bio-Medizin und medizinische High-End-Geräte verzeichnen ein gesteigertes Interesse. Jungbluth kommt zum Schluss, dass die Forschungsergebnisse durch gezielt eingesetzte Fördermaßnahmen und politische Kontrollmöglichkeiten erklärt werden können. Damit sollen die Direktinvestitionen chinesischer Unternehmen in die von der Regierung gewünschten Technologien und Branchen gelenkt werden, um die strategische Zielsetzung zu erreichen.[96]

Für eine nachhaltige Zielerreichung ist es mit der Unternehmensübernahme alleine nicht getan. Mit Abschluss der Akquisition stehen Chinas Unternehmen vor der Herausforderung, die übernommenen Wissensressourcen auf die gesamte Firmenorganisation zu übertragen. Nach der wissenschaftlichen Literatur gibt es unterschiedliche Ansätze, wie dies am effektivsten umgesetzt werden kann. Sarala et al. (2014) nennen beispielsweise Mitarbeiterfähigkeiten, gemeinsame Lernbereitschaft, gegenseitiges Vertrauen und kulturelle Integration als besonders wichtige Determinanten.[97] Bresman et al. (2009) gehen dagegen davon aus, dass für einen gelungenen Wissenstransfer, neben Kommunikation und persönlichen Treffen, der

---

[95] Eigene Darstellung, in Anlehnung an Jungbluth (2018), S. 17.
[96] Vgl. Jungbluth (2018), S. 17.
[97] Vgl. Sarala/Junni/Cooper/Tarba (2014), S. 1242.

Faktor Zeit entscheidend ist. Nach ihren Beobachtungen lassen sich zwei unterschiedliche Phasen des Wissenstransfers unterscheiden. Zu Beginn wird das Wissen einseitig auf das übernommene Unternehmen übertragen. Danach erfolgt die Vermittlung des Wissens wechselseitig und stillschweigend. Dabei handelt es sich in der Spätphase um ausgereiftes Wissen, aus dem das Übernahmeunternehmen Vorteile ziehen kann.[98]

Auch der übernommene Mittelständler verspricht sich aus der Akquisition einen Nutzenzuwachs. Jedoch birgt jede Übernahme neben den Chancen auch Gefahren, die den deutschen Staat, dessen Bevölkerung oder das Unternehmen selbst betreffen.

3.2 Gefahren und Chancen

Kuka, Aixtron, 50Hertz – drei Unternehmen mit technologischer oder marktstrategischer Bedeutung in Deutschland, die in der jüngeren Vergangenheit von chinesischen Investoren umworben wurden. Alle drei Übernahmeversuche haben in Deutschland eine intensive Berichterstattung um den Ausverkauf nationaler Unternehmen ausgelöst.[99] Und bei allen Übernahmen stellt sich die Frage, inwieweit die chinesische Regierung am jeweiligen Akquisitionsangebot beteiligt ist. Neben Sicherheitsbedenken dominiert der Vorwurf der Wettbewerbsverzerrung.[100]

Im Falle des Roboterbauers Kuka hat der chinesische Investor Midea den Zuschlag erhalten. Der damalige Wirtschaftsminister Gabriel versuchte zuvor noch erfolglos ein europäisches Unternehmen als neuen Eigentümer für den Technologieführer zu finden.[101] Dagegen scheiterte der Übernahmeversuch des Elektrotechnikerstellers Aixtron an einem Empfehlungsschreiben der US-Regierung. In dem Schreiben wurden sicherheitspolitische Bedenken geäußert.[102] Und auch die durch einen chinesischen Investor geplante Beteiligung an 50Hertz hat nationale Sicherheitserwägungen hervorgerufen. Allerdings bestand aufgrund der geringen Beteiligungshöhe von 20 Prozent für die deutsche Regierung keine Möglichkeit einzuschreiten. Mit dem belgischen Mutterkonzern Elia hat sich jedoch ein Interessent

---

[98] Vgl. Bresman/Birkinshaw/Nobel (2009), S. 17.
[99] Vgl. Jungbluth (2018), S. 8; Sturm/Henning (2017), S. 443.
[100] Vgl. Hanemann/Huotari (2015), S. 9; Jungbluth (2018), S. 6.
[101] Vgl. Bartsch (2016), S. 4.
[102] Vgl. Sturm/Henning (2017), S. 443.

gefunden, der offenbar auf Initiative des Wirtschaftsministeriums angeworben wurde. Durch die Ausübung des Vorkaufsrechts wehrte Elia den chinesischen Kontrahenten ab und übernahm selbst die Unternehmensanteile.[103]

Die vorgestellten Beispiele zeigen auf, dass der deutsche Staat kaum Möglichkeiten besitzt unerwünschte Übernahmen zu verhindern. Das führte zu einem politischen Umdenken im deutschen Investitionsprüfungsgesetz, um künftig wettbewerbsfeindlichen Staatshilfen aus China entgegenzuwirken. In einer Novelle im Juli 2017 reagierte die Bundesregierung auf den fehlenden Handlungsspielraum. Die Änderungen der Außenwirtschaftsverordnung beinhalten unter anderem längere Prüffristen, Auskunftspflichten der Erwerber und zusätzliche Meldeerfordernisse bei Beteiligungen an kritischer Infrastruktur.[104]

Auf nationaler Ebene ist es, trotz der Gesetzesänderung, nur möglich Übernahmen zu untersagen, wenn die Gefährdung wesentlicher Sicherheitsinteressen sowie Gefahren für die öffentliche Ordnung und Sicherheit festgestellt werden. Basieren Unternehmensakquisitionen auf staatlicher Finanzierung oder politischen Vorgaben, besteht in Deutschland allein aus diesem Grund keine Voraussetzung für das Recht auf Investitionsprüfung. Auch bei Beteiligungen, die unter der Anteilsschwelle von 25 Prozent liegen, hat der deutsche Staat keine Möglichkeit die Investition zu verhindern. Weitere Eingriffsrechte der nationalen Regierung erfordern eine Gesetzesgrundlage der Europäischen Union, welche bisher noch nicht verabschiedet wurde.[105] Chinesische Unternehmen könnten nach Stand der Rechtslage noch immer staatlich subventionierte Firmenübernahmen in Deutschland vollziehen. Dadurch findet das Marktgeschehen nicht auf Augenhöhe statt und deutsche Unternehmen sind der Gefahr von Wettbewerbsnachteilen ausgesetzt.

Neben der fragwürdigen Rolle des chinesischen Staats in Investitionsvorgängen wird deren Regierung zudem kritisiert, was die fehlende Reziprozität bei Rahmenbedingungen von Unternehmensbeteiligungen angeht.[106] Trotz der Verschärfungen im Investitionsprüfungsrecht ist es für chinesische Firmen deutlich einfacher in Deutschland zu investieren, als dies umgekehrt der Fall ist.[107] In vielen Branchen

---

[103] Vgl. Flauger (2018), S. 2-3.
[104] Vgl. Bundesministerium für Wirtschaft und Energie (Hrsg.) (2017), S. 26-30.
[105] Vgl. Bundesministerium für Wirtschaft und Energie (Hrsg.) (2017), S. 26-30.
[106] Vgl. Haberstock/Schmitt (2018), S. 136.
[107] Vgl. Jungbluth (2018), S. 7.

ist es für deutsche Unternehmen nicht möglich, Mehrheitsbeteiligungen an chinesischen Firmen zu erwerben. Zudem leiden ausländische Firmen auf den Märkten Chinas häufig unter Einschränkungen bei öffentlichen Ausschreibungen sowie unter Joint-Venture-Zwängen mit nationalen Partnern.[108] Dieser asymmetrische Marktzugang führt zu Nachteilen der deutschen Firmen im Wettkampf um Marktanteile und Ressourcen.

Allerdings ist bei diesem Aspekt anzumerken, dass sich in den letzten Monaten ein Umdenken der chinesischen Regierung abzeichnet. Aktuell berichtete das Handelsblatt von der Mehrheitsübernahme der BMW Brilliance Automotive Limited durch den Autobauer BMW. Als erstes ausländisches Unternehmen übernimmt BMW ab dem Jahr 2022 die Mehrheitsbeteiligung an einem Joint-Venture-Unternehmen in der chinesischen Automobilbranche. Das Entgegenkommen aus China gilt als Reaktion auf den Handelsstreit mit den USA und lässt auf weitere Zugeständnisse an deutsche Unternehmen hoffen.[109]

Eine weitere Herausforderung besteht in der Bewältigung der Unterschiede zwischen China und Deutschland: Sprache, Kultur, Kommunikationsstil oder gesetzliche Anforderungen. Häufig sind die chinesischen Investoren mit Vorwürfen über fehlende Zieltransparenz, geringe Belegschaftsmitbestimmung und langandauernde Entscheidungsfindung konfrontiert.[110] In Unternehmen wird mit der Akquisition eine Verschlechterung der Rahmenbedingungen für Führungskräfte und Arbeitnehmer befürchtet. Diese Vorurteile kann Otto (2013) in einer Untersuchung teilweise entkräften. Die Umfrage umfasst 46 Unternehmen, die zuvor von chinesischen Investoren übernommen wurden.[111] Die Befragten sehen die sprachlichen Differenzen als größte Herausforderung und sind gegenüber dem chinesischen Mehrheitseigner überwiegend positiv gestimmt.[112]

Die verhängnisvollste Gefahr bleibt die drohende Schließung von Firmenstandorten in Deutschland. Aus der MIC-Strategie kann als Hauptziel abgeleitet werden, dass die chinesischen Unternehmen primär Zugriff auf strategische Ressourcen

---

[108] Vgl. Haberstock/Schmitt (2018), S. 136.
[109] Vgl. Hua/Fasse (2018), S. 16.
[110] Vgl. Otto (2013), S. 78.
[111] Vgl. Otto (2013), S. 82.
[112] Vgl. Otto (2013), S. 62.

möchten.[113] Es besteht die Sorge, dass nach erfolgtem Technologietransfer und nach Ablauf der Standortgarantien die deutschen Unternehmen nicht mehr weiterbetrieben werden.[114] Es drohen Arbeitsplatz- und Wohlfahrtsverluste sowie eine damit verbundene Schwächung des Wirtschaftsstandorts Deutschland. Außerdem werden in diesem Szenario nicht nur Ressourcen nach China übertragen, sondern gehen auf langfristige Sicht in Deutschland fast vollständig verloren. Das gesammelte Wissen innerhalb eines Unternehmens nimmt nach der Standortauflösung im Verlauf der Zeit ab.

Im Gegenzug kann die deutsche Wirtschaft von Investitionen aus China aber auch profitieren. An dieser Stelle ist entgegen der allgemeinen Befürchtung zu nennen, dass der Arbeitsmarkt häufig positiv durch Übernahmen aus China beeinflusst wird. Mit Akquisitionen von krisengeplagten oder von Insolvenz bedrohten Unternehmen bleiben unsichere Arbeitsplätze erhalten.[115] Damit bleiben wichtige Ressourcen wie Mitarbeiterwissen, Unternehmensstrukturen oder Markenwert bestehen, die ansonsten ganz oder teilweise verloren gehen.

Bei chinesischen Investoren handelt es sich üblicherweise um strategische Käufer. Aus deutscher Sicht ist dies positiv zu beurteilen. Strategische Investoren verfolgen ihre Interessen auf langfristige Sichtweise und unterscheiden sich damit von Finanzinvestoren, die mehrheitlich von kurzfristigen Erfolgen getrieben werden. Deutsche Unternehmen und ihre Mitarbeiter profitieren in der deutsch-chinesischen Zusammenarbeit mit mehr Entscheidungsfreiheiten und Standortgarantien.[116] Durch das langfristige Engagement sind die chinesischen Interessenten eine geeignete Option für Gesellschafter, die auf Nachfolgersuche sind.[117] Besonders für mittelständische Unternehmen wird die Unternehmensnachfolge eine immer schwierigere Herausforderung. In einer Auswertung der Industrie- und Handelskammer (IHK) haben im Jahr 2016 fast 3000 Firmeninhaber die Beratung durch die IHK aufgesucht, weil noch kein passender Nachfolger gefunden wurde.[118]

---

[113] Vgl. Dreger/Schüler-Zhou/Schüller (2017), S. 265; Emons (2013), S. 13.
[114] Vgl. Jungbluth (2016), S. 33.
[115] Vgl. Jungbluth (2014), S. 6.
[116] Vgl. Haberstock/Schmitt (2018), S. 137; Jungbluth (2014), S. 6.
[117] Vgl. Jungbluth (2013), S. 9.
[118] Vgl. Deutscher Industrie- und Handelskammertag e. V. (Hrsg.) (2017), S. 7.

Für den Altgesellschafter sind chinesische Investoren lukrativ, da sie bereit sind, einen hohen Kaufpreis zu bezahlen.[119] Die chinesische Finanzkraft bietet aber nicht nur Vorteile für den ehemaligen Firmeninhaber, sondern auch für das Unternehmen selbst. Das Kapital aus China behebt die Investitionsschwäche europäischer Unternehmen und ermöglicht die Finanzierung von Wachstum.[120] Das Wachstumspotenzial scheint naheliegend, schließlich soll durch den chinesischen Eigentümer der Absatzmarkt in China ausgebaut werden.[121] Durch die Ressource Kapital wird die übernommene Firma unabhängiger von der Unternehmensumwelt. Die Versorgungsunsicherheiten über die Wachstumsfinanzierung können reduziert werden. Ohne den Investor aus China hingegen stoßen viele Mittelständler bei einer kapitalintensiven Expansion an ihre Grenzen.[122]

Chinesische Akquisitionen bieten aus theoretischer Perspektive viele Vor- und Nachteile – es bleibt jedoch fraglich, wie sich mittelständische Unternehmen nach der chinesischen Übernahme tatsächlich entwickelt haben.

3.3 Entwicklungen mittelständischer Unternehmen

In der folgenden Analyse werden die Entwicklungen der folgenden Unternehmensgruppen betrachtet: *Albert Ziegler GmbH, Schwing GmbH, Putzmeister Holding GmbH, Sanhua AWECO Appliance Systems GmbH, EMAG GmbH & Co. KG und OPS-INGERSOLL Funkenerosion GmbH*. Alle Unternehmen befanden sich vor der strategischen Übernahme mehrheitlich im Familienbesitz. Daher kann die Einheit von Eigentum und Leitung als gegeben angesehen werden. Nach der qualitativ festgelegten Abgrenzung dieser Arbeit handelte es sich vor der Akquisition also um mittelständische Unternehmen.[123] Um kurzfristige Aspekte auszuschließen, wurden Betrachtungszeiträume von mindestens fünf Jahre gewählt. Neben wirtschaftlichen Unterlagen erfolgte eine Auswertung von Presseartikeln, Unternehmensangaben und Hintergrundinformationen. Bei der Auswertung der Mittelständler wurden folgende Themen analysiert:

---

[119] Vgl. Bayer (2016), S. 27; Haberstock/Schmitt (2018), S. 135.
[120] Vgl. Dreger/Schüler-Zhou/Schuller (2017), S. 264; Haberstock/Schmitt (2018), S. 137.
[121] Vgl. Haberstock/Schmitt (2018), S. 137; Hiort/Hummitzsch (2012), S. 231.
[122] Vgl. Haberstock/Schmitt (2018), S. 137.
[123] Vgl. Kapitel 2.2.1.

1. Wie haben sich die Unternehmen unmittelbar im Betrachtungszeitraum entwickelt?
2. Hat sich die wirtschaftliche und personelle Aufstellung der Unternehmen am Betrachtungsende im Vergleich zum -beginn verändert?
3. Inwieweit könnte die strategische Ressourcenkomponente ursächlich für die Akquisitionen gewesen sein?

Die unmittelbare Unternehmensentwicklung im Beobachtungszeitraum wird über Unterschiede der Umsatzerlöse und der Umsatzrentabilität bewertet. Während die Umsatzerlöse das Wachstum der Firma charakterisieren, zeigt die Umsatzrentabilität, wie sich die Produktivität im Betrachtungszeitraum verändert hat.[124] Beide Kennzahlen sind unkompliziert zu beschaffen und deshalb auch für einen größeren Stichprobenumfang geeignet.

Für die Beurteilung der wirtschaftlichen und personellen Unternehmensaufstellung werden Veränderungen der Mitarbeiteranzahl sowie des operativen Cashflows herangezogen. Mitarbeitereinstellungen werden positiv bewertet, da in diesem Zusammenhang davon auszugehen ist, dass der neue Eigentümer langfristig mit dem Unternehmen plant und Wachstumsziele verfolgt. Der operative Cashflow dagegen zeigt die Fähigkeit eines Unternehmens, über den betrieblichen Leistungsprozess Liquidität aufzubauen. Diese Art des Cashflows ist damit unabhängig von der Finanzkraft des chinesischen Eigentümers. Als Kennzahl für die Beurteilung der Innenfinanzierungsfähigkeit zeigt er auf, wie das Unternehmen aus eigener Kraft Zahlungsmittel generiert, die für Schuldentilgungen, Investitionen und Ausschüttungen zur Verfügung stehen.[125] Die beiden Faktoren Cashflow und Mitarbeiter dienen in der Analyse als Hinweis, wie gut der Konzern für zukünftiges Unternehmenswachstum ausgestattet ist.

Für den dritten Teilbereich werden die angemeldeten Patente des Unternehmens beim Deutschen Patent- und Markenamt angeführt. Zudem wird aufgezeigt, wie viele dieser Schutzrechte aktuell noch in Kraft sind. Im Gegensatz zu anderen geschützten Rechten werden Patente bereits vor der Anmeldung geprüft. Mit der Eintragung hat der Anmelder das räumlich und zeitlich befristete Exklusivrecht an der Erfindung.[126] Dadurch soll ein Zusammenhang zur MIC-Strategie hergestellt

---

[124] Vgl. Küting/Weber (2015), S. 318.
[125] Vgl. Küting/Weber (2015), S. 180–181.
[126] Vgl. Deutsches Patent- und Markenamt (Hrsg.) (2018a), S. 1.

werden. Die Gesamtzahl der angemeldeten Patente wird als Indikator für das Wissen innerhalb der Organisation angesehen. Von diesem implizierten Wissen erhofft sich der chinesische Investor Abschöpfungspotenzial. Die gültigen Schutzanmeldungen ermöglichen Wettbewerbsvorteile und assoziieren, welche strategischen Ressourcen das Akquisitionsunternehmen mit der Übernahme kontrolliert.

Die *Albert Ziegler GmbH* wurde 1891 in Giengen an der Brenz gegründet und ist ein führender Hersteller für Lösch-, Spezial- und Industriefahrzeuge sowie Feuerwehrausrüstung. Nach dem Insolvenzantrag im Jahr 2011 wurde das Traditionsunternehmen am 13.12.2013 durch die CIMC Group aus China übernommen.[127] Das eröffnete Insolvenzverfahren war die Folge einer Geldbuße aufgrund verbotener Preisabsprachen.[128] Wirtschaftlich hat sich die Albert Ziegler GmbH seit der Akquisition gut entwickelt. Betrachtet wurden der Konzernabschluss 2016 sowie die wirtschaftlichen Unterlagen für das Jahr 2009, da dieses noch nicht unter dem negativen Einfluss des Insolvenzantrags stand. Seitdem wurde der Umsatz um 21 Millionen Euro auf fast 220 Millionen Euro gesteigert. Im Jahr 2016 liegt der Cashflow aus betrieblicher Tätigkeit 9 Millionen Euro höher als 2009. Die Umsatzrentabilität ist im gleichen Zeitraum zurückgegangen. Weitere Recherchen ergaben, dass zuletzt durchschnittlich 233 Mitarbeiter mehr beschäftigt waren als im Jahr 2009.[129] Für das internationale Wachstum wurden Geschäftsaktivitäten in China, den Niederlanden und Italien durch neue Tochtergesellschaften aufgenommen.[130] Mit dem verbesserten Cashflow und der höheren Mitarbeiteranzahl scheint das Unternehmen für ein weiteres Wachstum gut ausgestattet zu sein. Diese Befunde lassen ein langfristig ausgerichtetes Engagement der CIMC Group vermuten. Die chinesische Unternehmensgruppe erhält im Gegenzug mit der Akquisition Zugriff auf das Wissen aus 40 Patentanmeldungen. 12 Patente sind aktuell noch gültig und ermöglichen Wettbewerbsvorteile durch die Exklusivnutzung. Presseberichten aus dem Jahr 2016 zufolge wurde das anhängige Insolvenzverfahren inzwischen abgeschlossen. Die Gläubiger erhielten Ausschüttungen von insgesamt 41,5 Millionen Euro und wurden mit einer Quote von mehr als 60 Prozent befriedigt.[131]

---

[127] Vgl. Albert Ziegler GmbH (Hrsg.) (2018), S. 3.
[128] Vgl. Hofele (2011), S. 2.
[129] Vgl. Anhang 1.
[130] Vgl. Albert Ziegler GmbH (Hrsg.) (2018), S. 2.
[131] Vgl. NPG Digital GmbH (Hrsg.) (2018), S. 2.

Im Januar 2012, also fast zwei Jahre vor der Übernahme von Ziegler, wurde zur Überraschung vieler Beteiligter die Übernahme der *Putzmeister Holding GmbH* bekannt gegeben. Nach Warnstreiks mit 700 Beschäftigten konnte die Gewerkschaft Arbeitsplatz- und Standortgarantien durchsetzen, die bis zum Jahr 2020 greifen.[132] Bis zur Akquisition lag das Eigentum der Putzmeister Holding GmbH laut Firmengründer Karl Schlecht zu 99 Prozent bei der Karl-Schlecht-Stiftung und zu einem Prozent bei der Karl-Schlecht-Familienstiftung.[133] In den Jahren vor der Übernahme hat das Unternehmen Marktanteile in China verloren und wurde zunehmend von Sany verdrängt. Das verschlechterte die wirtschaftliche Lage, denn der chinesische Markt gilt als der wichtigste in der weltweiten Betonbranche. Der Investor aus China erhoffte sich mit der Übernahme Synergieeffekte für das eigene Unternehmen und spekulierte auf ein verbessertes Image durch „Made in Germany".[134] Die Akquisition ist sinnbildlich für die Strategie MIC. Mit Putzmeister kontrollieren chinesische Eigentümer einen weiteren Hidden Champion aus Deutschland. Die sogenannten versteckten Weltmarktführer zeichnen sich wie bereits beschrieben durch eine tiefe Fokussierung in ihrer speziellen Nische aus. Ein Hinweis, dass dies auch für Putzmeister zutrifft, ist die enorme Anzahl der 508 eingetragenen Patente. Sany sichert sich mit der Investition das Wissen der Organisation sowie Wettbewerbsvorteile aus 99 noch gültigen Patenten.[135] Bei einem Vergleich der Konzernbilanzen 2011 und 2016 fällt auf, dass Putzmeister seit dem Zusammenschluss stark gewachsen ist. Der Umsatz ist jedes Jahr durchschnittlich um mehr als 5 Prozent angestiegen. Auch der Cashflow der laufenden Geschäftstätigkeit konnte von -10,14 auf 40,03 Millionen Euro verbessert werden. Lediglich einen Gewinn konnte das Unternehmen im Jahr 2016 nicht ausweisen, daher hat sich die Umsatzrentabilität im Betrachtungszeitraum auf -2,01 Prozent verschlechtert. Entgegen den Befürchtungen der Mitarbeiter hat sich die Belegschaft im betrachteten Zeitraum um 72 Mitarbeiter erhöht.[136] Der chinesische Eigentümer scheint indessen unzufrieden mit dem bisherigen Geschäftsverlauf. Nach einem Pressebericht haben sich die geplanten Synergieeffekte nicht unmittelbar umsetzen lassen.[137]

---

[132] Vgl. IG Metall (Hrsg.) (2018), S. 1.
[133] Vgl. Schlecht (2018), S. 1.
[134] Vgl. Emons (2013), S. 11.
[135] Vgl. Anhang 2.
[136] Vgl. Anhang 2.
[137] Vgl. Danhong (2018), S. 3.

Ein Jahr nach Putzmeister wurde in der gleichen Branche die *Schwing GmbH* durch die Xuzhou Construction Machinery Group übernommen. Der weltweit agierende Betonpumpenhersteller war zuvor im Familienbesitz und stand unter der Leitung von Geschäftsführer Gerhard Schwing.[138] Neben der globalen Ausrichtung hat sich die Firma Schwing auf die Marktnische rund um den Betonbau spezialisiert und weist damit wie Putzmeister die Eigenschaften eines Hidden Champions auf. Gemeinsam hatten die beiden Unternehmen Ende der neunziger Jahre zwei Drittel des chinesischen Markts unter Kontrolle.[139] Mit der Investition übernimmt der chinesische Mutterkonzern die Kontrolle über die vorhandenen 56 Patente. Seit der Akquisition hat der chinesische Mehrheitsbeteiligte offensichtlich viel bewirkt. In den Jahren 2011 bis 2016 ist der Umsatz um mehr als 23 Prozent gestiegen. Die Umsatzrentabilität hat sich verbessert, weist aber mit -1,59 Prozent noch einen negativen Wert aus. Der Cashflow aus der laufenden Geschäftstätigkeit hat sich im Vergleich zum Betrachtungsbeginn um fast 48 Millionen Euro erhöht. Zuvor wurden mit -11,34 Millionen Euro negative Cashflows generiert.[140] Es gibt allerdings auch Veränderungen, die aus volkswirtschaftlicher Sicht kritisch zu betrachten sind. Trotz des starken Anstiegs der Umsatzzahlen beschäftigt die Schwing-Gruppe am Ende des Betrachtungszeitraums 146 Mitarbeiter weniger als zu Beginn.[141] In einem Interview mit dem Betriebsratsvorsitzenden von Schwing wird jedoch erläutert, dass sich die Lage des Unternehmens seit dem Einstieg des Investors stabilisiert hat. Auch Befürchtungen über schlechtere Arbeitsbedingungen haben sich bisher nicht bestätigt.[142]

Deutlich kritischer hat sich das Unternehmen Aweco entwickelt. Seit der Übernahme am 01.01.2013 durch den Mischkonzern Zhejiang Sanhua firmiert der ehemalige deutsche Mittelständler unter *Sanhua AWECO Appliance Systems GmbH*. Da Unternehmenssparten bereits im Jahr 2011 an den künftigen Mehrheitseigner veräußert wurden, dient als Grundlage der Analyse der Konzernabschluss zum 31.12.2010.[143] Verglichen mit den wirtschaftlichen Unterlagen zum Jahresende 2017 haben sich beinahe alle Kennzahlen verschlechtert. Der Umsatz ist um mehr

---

[138] Vgl. manager magazin Verlagsgesellschaft mbH (Hrsg.) (2018), S. 1–2.
[139] Vgl. Emons (2013), S. 11.
[140] Vgl. Anhang 3.
[141] Vgl. Anhang 3.
[142] Vgl. Tochtrop (2018), S. 1–2.
[143] Vgl. Sanhua AWECO Appliance Systems GmbH (Hrsg.) (2018), S. 2.

als 10 Prozent eingebrochen, der betriebliche Cashflow ist am Ende des Analysezeitraums negativ und die Belegschaft ist um 768 Mitarbeiter weniger geworden. Lediglich die Umsatzrentabilität hat sich im direkten Vergleich verbessert, weist mit -1,74 Prozent aber ein negatives Ergebnis aus.[144] Die Presseberichte spiegeln die wirtschaftliche Situation des Unternehmens wider. Der Schwäbische Verlag berichtet von der Aufgabe des letzten deutschen Produktionsstandorts. Durch die Werksschließung wurden 180 Mitarbeiter gekündigt. Der neue Eigentümer konzentriert das künftige Engagement auf Polen.[145]

Gegenteilig ist der Entwicklungsverlauf der Firma *OPS-INGERSOLL Funkenerosion GmbH*. Das Unternehmen mit Sitz in Burbach ist nach Angaben des eigenen Internetauftritts führender Technologiepartner für Produkte im Werkzeug- und Formenbau. Spezialisiert hat sich OPS-INGERSOLL auf Funkenerosions- und Hochgeschwindigkeitsfräsmaschinen sowie Automationssysteme. Im Jahr 2011 gab der geschäftsführende Gesellschafter Rainer Jung den gemeinschaftlichen Einstieg der chinesischen Unternehmen Leeport Holdings Limited und Guangdong Greatoo Molds Incorporated bekannt.[146] Fünf Jahre später haben sich die Gesellschaftsanteile in chinesischer Hand nochmal von 45 auf 66 Prozent erhöht.[147] Bei Vergleich der wirtschaftlichen Unterlagen des Geschäftsjahres 2010/2011, also seit dem Einstieg der Unternehmen aus China, und des Jahresabschlusses 2016/2017 haben sich alle betrachteten Kennzahlen positiv verändert. Der Umsatz ist um mehr als 80 Prozent gewachsen, die Umsatzrentabilität hat sich auf 4,93 Prozent verbessert und der vereinfachte Cashflow fällt um 1,45 Millionen Euro höher aus als vor dem Einstieg. Das wirtschaftliche Wachstum wird durch die Einstellung von 59 zusätzlichen Mitarbeitern bestätigt. Die Anzahl von drei Patentanmeldungen in der gesamten Unternehmensgeschichte lässt darauf schließen, dass strategische Ressourcen in Form von Schutzrechten nur eine untergeordnete Rolle bei der Akquisition gespielt haben.[148]

---

[144] Vgl. Anhang 4.
[145] Vgl. Mayer (2012), S. 1–2.
[146] Vgl. OPS-INGERSOLL Funkenerosion GmbH (Hrsg.) (2018), S. 1.
[147] Vgl. Gaetzner (2016), S. 2.
[148] Vgl. Anhang 5.

Eine ähnlich positive Entwicklung wie OPS-INGERSOLL verzeichnet die *EMAG GmbH & Co. KG* seit dem Einstieg des chinesischen Partners Jiangsu Jinsheng Industry. Nach einer Unternehmensmitteilung ist die EMAG-Gruppe ein technologisch führender Werkzeugmaschinenbauer in Deutschland. Die Gesellschaftsanteile sind seit dem Jahr 2010 jeweils zur Hälfte auf Jinsheng und die Inhaberfamilie Heßbrüggen aufgeteilt. Wie bei fast allen chinesischen Investitionen in Deutschland erhoffte sich die Unternehmerfamilie ein starkes Wachstum in Asien.[149] Beim Vergleich der Konzernabschlüsse ist das Investitionsziel China auffällig. So sind dem Abschluss des Geschäftsjahres 2016 zwei zusätzliche Tochtergesellschaften in China zu entnehmen. Im Werk in Jintan wird erstmalig von einem positiven Ergebnis vor Steuern berichtet und für die Zukunft wird mit weiteren Steigerungen gerechnet.[150] Der Fortschritt auf Konzernebene ist ebenfalls erkennbar. Der Umsatz hat sich seit 2009 mehr als verdoppelt, trotzdem weist die Umsatzrentabilität mit 5,47 % ein gutes Ergebnis aus und konnte deutlich gesteigert werden. Der operative Cashflow hat sich mit 84,5 Millionen Euro mehr als verzehnfacht. Weltweit wurden zudem Arbeitskräfte eingestellt, im Konzern waren im Jahr 2016 insgesamt 2639 Mitarbeiter beschäftigt.[151] Die aktuellen Pressemitteilungen über Beteiligungen an einem Datenanalysespezialisten und dem Entwickler eines 3D-Metall-Druckverfahrens sind weitere Hinweise, dass die Unternehmensfortführung langfristig geplant wird.[152] Aus strategischen Gesichtspunkten scheint die Übernahme für den chinesischen Gesellschafter erfolgreich gewesen zu sein. 260 Patente in der Unternehmensgeschichte lassen große Wissensressourcen in der EMAG-Gruppe annehmen.[153] Bezugnehmend auf die vorangegangene Auswertung hält Tabelle 2 die Kennzahlen aller Unternehmen zusammenfassend fest. Mit diesen Unternehmensanalysen ist es im Folgenden möglich, die zu Beginn des Kapitels definierten Fragestellungen zu beantworten.

---

[149] Vgl. Hagenlocher (2011), S. 1.
[150] Vgl. Bundesministerium der Justiz und für Verbraucherschutz (Hrsg.) (2018), S. 38-39.
[151] Vgl. Anhang 6.
[152] Vgl. EMAG GmbH & Co. KG (Hrsg.) (2018), S. 1.
[153] Vgl. Anhang 6.

Unternehmensakquisitionen chinesischer Investoren

	Albert Ziegler GmbH	Putzmeister Holding GmbH	Schwing GmbH	Sanhua AWECO Appliance Systems GmbH	OPS-INGERSOLL Funkenerosion GmbH	EMAG GmbH & Co. KG
Jahr der Übernahme	2013	2012	2012	2013	2011	2010
Betrachtungszeitraum (von/bis)	2009 - 2016	2011 - 2016	2011 - 2016	2010 - 2017	2010 - 2016	2009 - 2016
Durchschnittliches Umsatzwachstum im Betrachtungszeitraum pro Jahr	+ 1,52 %	+ 5,13 %	+ 4,66 %	- 10,96 %	+ 13,83 %	+ 15,47 %
Umsatzrentabilität am Ende (zu Beginn) des Betrachtungszeitraums	+ 1,32 % (+ 1,94 %)	- 2,01 % (+ 1,77 %)	- 1,59 % (- 7,99 %)	- 1,74 % (- 5,38 %)	+ 4,93 % (+ 0,03 %)	+ 5,47 % (- 6,04 %)
Veränderung des operativen Cashflows im Betrachtungszeitraum[154]	+ 9.175 TEUR	+ 50.168 TEUR	+ 47.766 TEUR	- 5.149 TEUR	+ 1.453 TEUR	+ 77.622 TEUR
Veränderung der Mitarbeiteranzahl im Betrachtungszeitraum	+ 233	+ 72	- 146	- 768	+ 59	+ 862

---

[154] Aufgrund fehlender Angaben wurden bei der OPS-INGERSOLL Funkenerosion GmbH die Ergebnisse der vereinfachten Cashflows am Betrachtungsbeginn und -ende verglichen.

Angemeldete Patente des Unternehmens insgesamt	40	508	195	209	3	260
Aktuell gültige Patente des Unternehmens	12	99	56	29	1	127

Tabelle 2: Entwicklung der Mittelständler seit der Übernahme[155]

---

[155] Vgl. Anhang 1-6.

1. Wie haben sich die Unternehmen unmittelbar im Betrachtungszeitraum entwickelt?

Die Umsatzerlöse haben sich seit dem Betrachtungsbeginn bei fast allen Firmen erhöht, bei OPS-INGERSOLL und EMAG sogar deutlich. Lediglich bei der Sanhua A-WECO Appliance System GmbH ist im untersuchten Zeitraum der Umsatz zurückgegangen. Die Auswertung der Umsatzrentabilität dagegen liefert differenziert zu betrachtende Ergebnisse. Zwar hat sich die Kennzahl bei vier Unternehmen verbessert, jedoch weist die Hälfte aller Unternehmen noch ein negatives Ergebnis aus. Eine Erklärung dafür könnten große Investitionen oder Sondereffekte im Zuge des Konzernumbaus sein. Die Investitionen spiegeln sich in der Ergebnisrechnung im Buchungsposten der Abschreibungen wider. Dieser ist bei allen Unternehmen gestiegen. Eine weitere Vermutung könnten labile wirtschaftliche Verhältnisse einzelner Unternehmen seit dem Betrachtungsbeginn sein. Besonders in der Finanzkrise haben chinesische Unternehmen häufig in deutsche Firmen investiert.[156] Eine weiter anhaltende Unternehmenskrise könnte Ursache für die Konzernverluste von drei Unternehmen sein. In der Summe haben sich die Unternehmen im Betrachtungszeitraum positiv entwickelt.

2. Hat sich die wirtschaftliche und personelle Aufstellung der Unternehmen am Betrachtungsende im Vergleich zum -beginn verändert?

Die allgemeinen Befürchtungen von Mitarbeiterkündigungen haben sich bei der Mehrzahl der Unternehmen nicht bestätigt. Alle Gesellschaften beschäftigen am Ende des jeweiligen Zeitraums in der Summe 312 zusätzliche Mitarbeiter. Mit Schwing und Sanhua AWECO haben lediglich zwei von sechs Unternehmen weniger Mitarbeiter als zu Beginn der Analyse. Das letztgenannte Unternehmen hat allerdings eine deutlich reduzierte Belegschaft. Aus betriebswirtschaftlicher Sicht ist das nicht zwingend negativ zu bewerten, schließlich könnte die geringere Beschäftigtenzahl durch eine gesteigerte Produktivität der verbleibenden Mitarbeiter aufgefangen werden. Sanhua AWECO hat jedoch nach wie vor eine negative Umsatzrentabilität, zudem sind Entlassungen aus Sicht der deutschen Bevölkerung kritisch zu betrachten.

Die Werte der Cashflows haben sich bei fünf von sechs Unternehmen verbessert. Nur Sanhua AWECO ist in diesem Zusammenhang wieder als Negativbeispiel zu nennen. Insgesamt hat sich die wirtschaftliche und personelle Aufstellung aller

---

[156] Vgl. Dreger/Schüler-Zhou/Schüller (2017), S. 263.

Unternehmen tendenziell positiv verändert. Dadurch kann der Eindruck erweckt werden, dass die Mehrzahl der chinesischen Investoren langfristig mit den Unternehmen plant und Wachstumsziele verfolgt. Es konnte jedoch nicht ausgewertet werden, wie sich die Beschäftigtenzahl explizit in Deutschland verändert hat.

3. *Inwieweit könnte die strategische Ressourcenkomponente ursächlich für die Akquisitionen gewesen sein?*

Die Patente wurden genannt, um einen Eindruck darüber zu bekommen, welche Rolle strategische Ressourcen bei der Übernahme eingenommen haben könnten. In der Summe haben alle Firmen 1215 Patente angemeldet, 324 davon sind aktuell noch gültig. Verglichen mit einem Gesamtbestand von 151.812 Patenten in Deutschland zum Jahresende 2017 erscheint diese Anzahl klein.[157] Allerdings hat im gleichen Jahr die Robert Bosch GmbH alleine 4038 Anmeldungen eingereicht.[158] Diese Tatsache lässt die Vermutung zu, dass die überwiegende Anzahl der Schutzrechte in den Händen von wenigen Großkonzernen liegt.

Es kann festgestellt werden, dass jedes der ausgewerteten Unternehmen Patente besitzt. Damit erhält der chinesische Investor Zugriff auf strategische Ressourcen und kann Wettbewerbsvorteile generieren. In der Untersuchung kann jedoch weder bestätigt noch abgelehnt werden, ob strategische Ressourcen in Form von Patenten Ursache für die Akquisitionen waren. Dafür ist es notwendig, mehr über die Patentverteilung im deutschen Mittelstand zu wissen. Nur so kann beurteilt werden, ob Mittelständler mit großen Patentbeständen häufiger Übernahmeziel sind als Firmen mit weniger Patenten. Hierfür bedarf es noch weiterer Forschungen.

Neben den Unternehmen und ihren Mitarbeitern gibt es noch weitere Wirtschaftssektoren, die von den Auswirkungen chinesischer Akquisitionen betroffen sein könnten. Im Folgenden wird die Perspektive gewechselt und werden mögliche Berührungspunkte aus Sicht der deutschen Sparkassen erläutert.

---

[157] Vgl. Deutsches Patent- und Markenamt (Hrsg.) (2018h), S. 89.
[158] Vgl. Deutsches Patent- und Markenamt (Hrsg.) (2018h), S. 94.

4 Auswirkungen auf die Sparkassen in Deutschland

Die Übernahme eines deutschen Unternehmens durch einen Investor aus China bringt für die Hausbank einige Herausforderungen mit sich. Zunächst ist unklar, wer unmittelbar nach der Akquisition Entscheidungsträger im Unternehmen ist. Es könnte ein neuer Geschäftsführer eingestellt werden oder weiterhin der bisherige Firmenleiter Ansprechpartner bleiben. Der neue Mehrheitsgesellschafter ist räumlich weit entfernt und liegt in einer anderen Zeitzone. Die fremde Kultur, eine andere Muttersprache und unterschiedlichen Rechtssysteme stellen weitere Barrieren dar.[159]

Bei den chinesischen Firmen, die Transaktionen in Deutschland umsetzen, handelt es sich überwiegend um große Konzerne, die weltweit aktiv sind. Nach einem Artikel des Handelsblatts befinden sich mehr als 98 Prozent des chinesischen Bankensektors unter Kontrolle inländischer Institute.[160] Es ist daher davon auszugehen, dass die chinesischen Konzerne Bankverbindungen zu international tätigen Kreditinstituten wie beispielsweise der Bank of China unterhalten. Auf deren Webseite präsentiert sich die Großbank als Ansprechpartner für Unternehmensfinanzierung und wirbt mit Konsortialkrediten und Projektfinanzierungen. Außerdem wird das Produkt „global credit line" angeboten. Das Akquisitionsunternehmen kann damit für die ausländische Tochtergesellschaft Kreditlinien aufnehmen, um flexibel den Kreditbedarf der grenzüberschreitenden M&A-Aktivität zu decken.[161] Für die bisherigen Hausbanken der Mittelständler in Deutschland droht bei einer höheren Anzahl von Übernahmen der Verlust von Marktanteilen. Mit einem Transaktionsvolumen von 7 bis 8 Milliarden Euro pro Jahr steht viel auf dem Spiel.[162]

Fraglich scheint unterdessen, ob übernommene Firmen wie Putzmeister, Schwing oder EMAG überhaupt typische Kunden der Sparkassen-Finanzgruppe sind. Die Unternehmen haben durch die Einheit von Eigentum und Leitung zwar noch mittelständische Charakterzüge, ähneln mit der sonstigen Unternehmensaufstellung aber eher einem Großkonzern. Sparkassen, deren Strukturen vom Regionalprinzip und öffentlichen Auftrag geprägt sind, betreuen vermutlich nur wenige

---

[159] Vgl. Simmert/Vonalt/Niggemann & Partner (2017), S. 1.
[160] Vgl. Handelsblatt (Hrsg.) (2018), S. 2.
[161] Vgl. Bank of China (Hrsg.) (2018), S. 1.
[162] Vgl. Mai (2017), S. 1.

Unternehmen dieser Größenkategorie.[163] Beispielhaft ist an dieser Stelle die EMAG GmbH & Co. KG zu nennen. Im Konzernabschluss 2016 weist das Unternehmen Finanzverbindlichkeiten in Höhe von 209,6 Millionen Euro aus.[164] Bei einem so hohen Kreditvolumen erfolgt aus Gründen der Risikostreuung für gewöhnlich eine Finanzierung über mehrere Banken.[165] Doch selbst wenn die regionale Sparkasse nur einen Teil dieser Summe finanziert, stößt sie damit an ihr Kreditlimit.[166]

In diesem Geschäftsfeld dominieren die Filialgroßbanken das Marktgeschehen. Bei Kreditvergabe durch die Deutsche Bank, die Commerzbank und die HypoVereinsbank steht die Mittelausreichung für Industrie und Großkonzerne im Vordergrund. Aus diesem Grund wickeln sie ebenfalls einen hohen Anteil des Auslandszahlungsverkehrs für diese Unternehmen ab. Auch die hohen Provisionserträge des Dienstleistungsgeschäfts erbringen mehrheitlich die Großbanken.[167] Durch diese Branchenstellung sind aller Voraussicht nach überwiegend die Marktanteile der Geschäftsbanken betroffen, wenn chinesische Unternehmen in Deutschland investieren.

Die Sparkassen-Finanzgruppe sollte in ihrer aktuellen Position nicht innehalten. Nach einer volkswirtschaftlichen Analyse der KfW drohen bis 2022 bei rund 500.000 Unternehmen Generationenwechsel an der Unternehmensspitze.[168] Um die Ressource der Unternehmensnachfolge könnte in den nächsten Jahren ein umkämpfter Wettbewerb entstehen. Die Wahrscheinlichkeit steigt, dass bei weiter zunehmenden Akquisitionen aus China verbunden mit den Nachfolgeproblemen der KMU in Zukunft auch Unternehmen mit geringerem Kreditengagement und damit Sparkassenkunden betroffen sind. Daher sollte die Nachfolge frühzeitig in Beratungsgesprächen thematisiert werden. Sparkassen ermöglicht dies einen entscheidenden zeitlichen Vorteil und positioniert sie als kompetenten Ansprechpartner. Zudem können mit der Vermittlung, der Beratungsleistung und der Akquisitionsfinanzierung Erträge generiert werden.

---

[163] Vgl. Deutscher Sparkassen- und Giroverband e. V. (Hrsg.) (2018), S. 1.
[164] Vgl. Bundesministerium der Justiz und für Verbraucherschutz (Hrsg.) (2018l), S. 10.
[165] Vgl. Seibold/Lauster/Grunert (2016), S. 387.
[166] Vgl. Jewgrafow/Mayer (2012), S. 874.
[167] Vgl. Priewasser (2001), S. 144.
[168] Vgl. Gerstenberger (2018), S. 5.

Mit der Unternehmensnachfolge werden Unsicherheiten im Unternehmen und in der Region gemindert. Die Stabilität in der Region ist auch deshalb von großer Bedeutung, da Mitarbeiter der ortsansässigen Unternehmen häufig Kunden der Sparkassen-Finanzgruppe sind. Der Wohlstand und die Zukunftsaussichten der Mitarbeiter unter dem neuen Unternehmensinhaber haben daher auch indirekt Einfluss auf das Geschäftsfeld der Sparkassen.

Ein weiteres lukratives Geschäftsfeld ist in diesem Zusammenhang die Vermögensbetreuung des Altgesellschafters. Der ehemalige Firmeninhaber erhält durch den Verkauf des Unternehmens eine hohe Kaufpreiszahlung. Der Abschluss von Geldanlageprodukten ist üblicherweise mit hohen Provisionseinnahmen verbunden. Alternativ können Sparkassen auch Stiftungs- oder Altersvorsorgelösungen aus ihrem breitgefächerten Produktportfolio anbieten.

5 Fazit

Die Unternehmen der Bundesrepublik Deutschland sind seit dem Jahr 2016 verstärkt von chinesischen Unternehmensübernahmen betroffen.[169] Der Ursprung dieser fernöstlichen Investitionswelle ist die Strategie „Made in China 2025". Damit verfolgt die chinesische Regierung das Ziel, die heimische Industrie zu reformieren, um spätestens am 100. Geburtstag der Volksrepublik zum weltweit führenden Technologie- und Innovationsstandort aufzusteigen.[170] Eine besondere Stellung nimmt dabei die ressourcentheoretische Perspektive ein, die viele Parallelen zu Chinas Strategie aufweist. Aus Sichtweise des deutschen Mittelstands sind die chinesischen Investitionen Gefahr und Chance zugleich: Wettbewerbsnachteile durch staatlich subventionierte Akquisitionen, fehlende Reziprozität der Investitionsbedingungen und Wissensabfluss nach China stehen Wachstumschancen sowie der Rettung sanierungsbedürftiger Unternehmen gegenüber.[171]

Ausgehend von dieser Grundlage behandelt die Arbeit die Entwicklungen mittelständischer Unternehmen. Dabei wurden die Bilanzen von sechs ausgewählten Konzernen vor der Übernahme ausgewertet und mit aktuellen wirtschaftlichen Unterlagen verglichen. Die Zielfragestellungen beziehen sich auf die Entwicklung der Firmen im Betrachtungszeitraum, die Veränderung der wirtschaftlichen und personellen Ausgangslage sowie die Überprüfung einer ressourcenbasierenden Akquisitionsursache.

Die Analyse kommt zu dem Ergebnis, dass die Auswirkungen der Übernahme aus China auf die Unternehmensentwicklung während des Betrachtungszeitraums positiv sind. Auch die personelle und wirtschaftliche Ausgangssituation zum Zeitpunkt des letzten Jahresabschlusses im Vergleich zum Beobachtungsbeginn ist tendenziell positiv zu bewerten. Ein direkter Zusammenhang zwischen der Firmenübernahme und dem Bestand strategischer Ressourcen, in Form von Patenten, kann weder bestätigt noch abgelehnt werden. Es kann jedoch festgestellt werden, dass alle untersuchten Unternehmen gültige Patente besitzen. Der chinesische Investor hat daher bei jedem Unternehmen die Möglichkeit, auf strategische Ressourcen zuzugreifen und Wettbewerbsvorteile zu generieren.[172]

---

[169] Vgl. Ernst & Young GmbH (Hrsg.) (2018), S. 9.
[170] Vgl. Jungbluth (2018), S. 16; Shi (2017), S. 72.
[171] Vgl. Kapitel 3.2.
[172] Vgl. Kapitel 3.3.

Bei der Auswertung ist zu beachten, dass die Eigenschaften einer Bilanz stichtagsbezogen und statisch sind. Dadurch sind im Jahresverlauf deutliche Abweichungen zum Bilanzstichtag möglich. Zudem besteht für das Management eines Unternehmens die Option, mit bilanzpolitischen Maßnahmen Kennzahlen zu beeinflussen. Durch den Vergangenheitsbezug des Jahresabschlusses kann die Unternehmenssituation am Bilanzstichtag vom aktuellen Zustand abweichen. In der Praxis werden Bilanzkennzahlen zudem für eine fundierte Aussagekraft mit Branchenwerten abgeglichen. Als weitere Limitation der Arbeit ist der Stichprobenumfang zu nennen. Die Anzahl von sechs Unternehmen ist nicht repräsentativ.

Aus makroökonomischer Sichtweise gilt es daher, das Phänomen chinesischer Akquisitionen weiter zu untersuchen, um langfristige Folgen herauszufinden. Wünschenswert sind dabei größere Stichproben und Langzeitstudien. Dadurch kann beobachtet werden, wie sich chinesische Mehrheitseigentümer verhalten, nachdem Arbeitsplatz- und Standortgarantien in Deutschland abgelaufen sind. Außerdem ist es von Interesse, wie sich Unternehmen mit chinesischen Investoren im Vergleich zu anderen Mitbewerbern der Branche entwickeln. Für die Beurteilung des Zusammenhangs von Firmenübernahmen und der Höhe der Patentbestände fehlt die Kenntnis über die Häufigkeitsverteilung der Schutzrechte im deutschen Mittelstand. Bei Verfügbarkeit der Daten könnte eine Aussage darüber getroffen werden, ob Mittelständler mit hohen Patentbeständen häufiger übernommen werden als Unternehmen mit weniger Patenten.

Neben den Unternehmen des Mittelstands wurden in dieser Arbeit die Auswirkungen auf Sparkassen in Deutschland thematisiert. Dabei kommt die Abhandlung zu dem Schluss, dass Unternehmen dieser Größenordnung überwiegend den Geschäftsbanken zuzuordnen und nur selten Kunden einer regionalen Sparkasse sind. Um drohenden Gefahren auch in Zukunft entgegenzuwirken, sollte die Firmenkundenberatung der Sparkassen-Finanzgruppe frühzeitig die Nachfolge der Unternehmenskunden thematisieren.[173] Dadurch können Unsicherheiten im Unternehmen und in der Region gemindert werden. Während die Auswirkungen chinesischer Akquisitionen volkswirtschaftlich weiter untersucht werden müssen, sind die Effekte für die Sparkassen-Organisation aller Voraussicht nach gering.

---

[173] Vgl. Kapitel 4.

Anhangsverzeichnis

Anhang 1: Auswertung der Albert Ziegler GmbH 42

Anhang 2: Auswertung der Putzmeister Holding GmbH 43

Anhang 3: Auswertung der Schwing GmbH 44

Anhang 4: Auswertung der Sanhua AWECO Appliance Systems GmbH 45

Anhang 5: Auswertung der OPS-INGERSOLL Funken- erosion GmbH 46

Anhang 6: Auswertung der EMAG GmbH & Co. KG 47

Anhang 1: Auswertung der Albert Ziegler GmbH[174]

Albert Ziegler GmbH	
Jahr	
2009	2016
Anzahl der betrachteten Jahre	
7	
Umsatzerlöse	
198.785.738,72 €	219.960.000,00 €
Umsatzwachstum insgesamt	
10,65%	
Durchschnittliches Umsatzwachstum pro Jahr	
1,52%	
Jahresüberschuss	
3.862.466,36 €	2.895.000,00 €
Umsatzrentabilität	
1,94%	1,32%
Cashflow aus laufender Geschäftstätigkeit	
-3.549.000,00 €	5.626.000,00 €
Veränderung Cashflow aus laufender Geschäftstätigkeit (absolut)	
9.175.000,00 €	
Mitarbeiteranzahl	
1.061	1.294
Veränderung der Mitarbeiteranzahl	
233	
Patentanmeldungen ingesamt	
40	
Aktuell gültige Patente	
12	

---

[174] Vgl. Bundesministerium der Justiz und für Verbraucherschutz (Hrsg.) (2018a) 1–13; Bundesministerium der Justiz und für Verbraucherschutz (Hrsg.) (2018b) 1–39; Deutsches Patent- und Markenamt (Hrsg.) (2018b), S. 1.

Anhang 2: Auswertung der Putzmeister Holding GmbH[175]

Putzmeister Holding GmbH	
Jahr	
2011	2016
Anzahl der betrachteten Jahre	
5	
Umsatzerlöse	
570.169.566,78 €	716.382.000,00 €
Umsatzwachstum insgesamt	
25,64%	
Durchschnittliches Umsatzwachstum pro Jahr	
5,13%	
Jahresüberschuss	
10.092.871,68 €	-14.405.000,00 €
Umsatzrentabilität	
1,77%	-2,01%
Cashflow aus laufender Geschäftstätigkeit	
-10.138.000,00 €	40.030.000,00 €
Veränderung Cashflow aus laufender Geschäftstätigkeit (absolut)	
50.168.000,00 €	
Mitarbeiteranzahl	
2.870	2.942
Veränderung der Mitarbeiteranzahl	
72	
Patentanmeldungen ingesamt	
508	
Aktuell gültige Patente	
99	

---

[175] Vgl. Bundesministerium der Justiz und für Verbraucherschutz (Hrsg.) (2018c), S. 1–23; Bundesministerium der Justiz und für Verbraucherschutz (Hrsg.) (2018d) 1–58; Deutsches Patent- und Markenamt (Hrsg.) (2018c) 1–12.

Anhang 3: Auswertung der Schwing GmbH[176]

Schwing GmbH	
Jahr	
2011	2016
Anzahl der betrachteten Jahre	
5	
Umsatzerlöse	
490.270.115,33 €	604.496.740,65 €
Umsatzwachstum insgesamt	
23,30%	
Durchschnittliches Umsatzwachstum pro Jahr	
4,66%	
Jahresüberschuss	
-39.150.389,23 €	-9.599.029,80 €
Umsatzrentabilität	
-7,99%	-1,59%
Cashflow aus laufender Geschäftstätigkeit	
-11.337.000,00 €	36.429.000,00 €
Veränderung Cashflow aus laufender Geschäftstätigkeit (absolut)	
47.766.000,00 €	
Mitarbeiteranzahl	
3.110	2.964
Veränderung der Mitarbeiteranzahl	
-146	
Patentanmeldungen ingesamt	
195	
Aktuell gültige Patente	
56	

---

[176] Vgl. Bundesministerium der Justiz und für Verbraucherschutz (Hrsg.) (2018e), S. 1–19; Bundesministerium der Justiz und für Verbraucherschutz (Hrsg.) (2018f), S. 1–22; Deutsches Patent- und Markenamt (Hrsg.) (2018d), S. 1–5.

Anhang 4: Auswertung der Sanhua AWECO Appliance Systems GmbH[177]

Sanhua AWECO Appliance Systems GmbH	
Jahr	
2010	2017
Anzahl der betrachteten Jahre	
7	
Umsatzerlöse	
172.746.447,62 €	153.820.000,00 €
Umsatzwachstum insgesamt	
-10,96%	
Durchschnittliches Umsatzwachstum pro Jahr	
-1,57%	
Jahresüberschuss	
-9.289.987,92 €	-2.674.000,00 €
Umsatzrentabilität	
-5,38%	-1,74%
Cashflow aus laufender Geschäftstätigkeit	
5.069.000,00 €	-80.000,00 €
Veränderung Cashflow aus laufender Geschäftstätigkeit (absolut)	
-5.149.000,00 €	
Mitarbeiteranzahl	
1.964	1.196
Veränderung der Mitarbeiteranzahl	
-768	
Patentanmeldungen ingesamt	
209	
Aktuell gültige Patente	
29	

---

[177] Vgl. Bundesministerium der Justiz und für Verbraucherschutz (Hrsg.) (2018g), S. 1–19; Bundesministerium der Justiz und für Verbraucherschutz (Hrsg.) (2018h), S. 1–48; Deutsches Patent- und Markenamt (Hrsg.) (2018e), S. 1–5.

Anhang 5: Auswertung der OPS-INGERSOLL Funkenerosion GmbH[178]

OPS-INGERSOLL Funkenerosion GmbH	
Jahr	
2010/2011	2016/2017
Anzahl der betrachteten Jahre	
6	
Umsatzerlöse	
26.477.599,40 €	48.449.146,29 €
Umsatzwachstum insgesamt	
82,98%	
Durchschnittliches Umsatzwachstum pro Jahr	
13,83%	
Jahresüberschuss	
9.011,86 €	2.387.071,16 €
Umsatzrentabilität	
0,03%	4,93%
Vereinfachter Cashflow	
1.497.300,34 €	2.949.924,83 €
Veränderung vereinfachter Cashflow (absolut)	
1.452.624,49 €	
Mitarbeiteranzahl	
127	186
Veränderung der Mitarbeiteranzahl	
59	
Patentanmeldungen ingesamt	
3	
Aktuell gültige Patente	
1	

---

[178] Vgl. Bundesministerium der Justiz und für Verbraucherschutz (Hrsg.) (2018i), S. 1–10; Bundesministerium der Justiz und für Verbraucherschutz (Hrsg.) (2018j), S. 1–13; Deutsches Patent- und Markenamt (Hrsg.) (2018f), S. 1.

Anhang 6: Auswertung der EMAG GmbH & Co. KG[179]

EMAG GmbH & Co. KG	
Jahr	
2009	2016
Anzahl der betrachteten Jahre	
7	
Umsatzerlöse	
263.940.611,32 €	549.827.000,00 €
Umsatzwachstum insgesamt	
108,31%	
Durchschnittliches Umsatzwachstum pro Jahr	
15,47%	
Jahresüberschuss	
-15.947.476,86 €	30.062.000,00 €
Umsatzrentabilität	
-6,04%	5,47%
Cashflow aus laufender Geschäftstätigkeit	
6.915.000,00 €	84.537.000,00 €
Veränderung Cashflow aus laufender Geschäftstätigkeit (absolut)	
77.622.000,00 €	
Mitarbeiteranzahl	
1.777	2.639
Veränderung der Mitarbeiteranzahl	
862	
Patentanmeldungen ingesamt	
260	
Aktuell gültige Patente	
127	

---

[179] Vgl. Bundesministerium der Justiz und für Verbraucherschutz (Hrsg.) (2018k), S. 1–21; Bundesministerium der Justiz und für Verbraucherschutz (Hrsg.) (2018l), S. 1–60; Deutsches Patent- und Markenamt (Hrsg.) (2018g), S. 1–6.

Literaturverzeichnis

Achleitner, A.-K. (2002): Handbuch Investment Banking. 3., überarbeitete und erweiterte Auflage, Wiesbaden.

Albert Ziegler GmbH (Hrsg.) (2018): Über Ziegler. URL: https://www.ziegler.de/de/unternehmen (Stand: 30.10.2018).

Bank of China (Hrsg.) (2018): Corporate Banking. URL: http://www.boc.cn/en/cbser-vice/ (Stand: 30.10.2018).

Barney, J. (1991): Firm Resources and Sustained Competitive Advantage. In: Journal of Management, Jg. 17 (1991), H. 1, S. 99–120.

Bartsch, B. (2016): Das Ende der Panda-Politik. URL: https://www.bertelsmann-stiftung.de/fileadmin/files/user_upload/Asia_Policy_Brief_DA_2016_02_dt.pdf (Stand: 07.10.2018).

Bayer, S. (2016): Chinesisch/deutsche Transaktionen – Unkalkulierbares Wagnis oder wichtige Chance für den deutschen Mittelstand? In: Kuckertz, A. / Middelberg, N. (Hrsg.), Post-Merger-Integration im Mittelstand, Kompendium für Unternehmer, Wiesbaden, S. 23–35.

Bayer AG (Hrsg.) (2018): Unternehmensgeschichte. 2010–2018 Investitionen in die Zukunft. URL: https://www.bayer.de/de/unternehmensgeschichte-2010-bis-2018.aspx (Stand: 04.09.2018).

Becker, W. / Ulrich, P. (2009): Mittelstand, KMU und Familienunternehmen in der Betriebswirtschaftslehre. In: WiSt – Wirtschaftswissenschaftliches Studium, Jg. 38 (2009), H. 1, S. 2–7.

Becker, W. / Ulrich, P. (2011): Mittelstandsforschung. Begriffe, Relevanz und Konsequenzen. Stuttgart.

Boeing, P. / Mueller, E. / Sandner, P. (2015): China's R&D explosion – Analyzing productivity effects across ownership types and over time. In: Research Policy, Jg. 45 (2016), H. 1, S. 159–176.

Bresman, H. / Birkinshaw, J. / Nobel, R. (2009): Knowledge transfer in international acquisitions. In: Journal of International Business Studies, Jg. 41 (2010), H. 1, S. 5–20.

BSH Hausgeräte GmbH (Hrsg.) (2018): 50 Jahre BSH Hausgeräte GmbH. URL: https://wiki.bsh-group.com/de/wiki/Hauptseite (Stand: 04.09.2018).

Buckley, P. / Elia, S. / Kafouros, M. (2014): Acquisitions by emerging market multinationals: Implications for firm performance. In: Journal of World Business, Jg. 49 (2014), H. 4, S. 611–632.

Bundesministerium der Justiz und für Verbraucherschutz (Hrsg.) (2018a): Bundesanzeiger. Suchbegriff: Ziegler Beteiligungsgesellschaft mit beschränkter Haftung. Konzernabschluss 2009. URL: https://www.bundesanzeiger.de (Stand: 30.10.2018).

Bundesministerium der Justiz und für Verbraucherschutz (Hrsg.) (2018b): Bundesanzeiger. Suchbegriff: Albert Ziegler GmbH. Konzernabschluss 2016. URL: https://www.bundesanzeiger.de (Stand: 30.10.2018).

Bundesministerium der Justiz und für Verbraucherschutz (Hrsg.) (2018c): Bundesanzeiger. Suchbegriff: Putzmeister Holding GmbH. Konzernabschluss 2011. URL: https://www.bundesanzeiger.de (Stand: 30.10.2018).

Bundesministerium der Justiz und für Verbraucherschutz (Hrsg.) (2018d): Bundesanzeiger. Suchbegriff: Putzmeister Holding GmbH. Konzernabschluss 2016. URL: https://www.bundesanzeiger.de (Stand: 30.10.2018).

Bundesministerium der Justiz und für Verbraucherschutz (Hrsg.) (2018e): Bundesanzeiger. Suchbegriff: Schwing GmbH. Konzernabschluss 2011. URL: https://www.bundesanzeiger.de (Stand: 30.10.2018).

Bundesministerium der Justiz und für Verbraucherschutz (Hrsg.) (2018f): Bundesanzeiger. Suchbegriff: XCMG Europe GmbH. Konzernabschluss 2016. URL: https://www.bundesanzeiger.de (Stand: 30.10.2018).

Bundesministerium der Justiz und für Verbraucherschutz (Hrsg.) (2018g): Bundesanzeiger. Suchbegriff: AWECO Appliance Systems GmbH & Co. KG. Konzernabschluss 2010. URL: https://www.bundesanzeiger.de (Stand: 30.10.2018).

Bundesministerium der Justiz und für Verbraucherschutz (Hrsg.) (2018h): Bundesanzeiger. Suchbegriff: Sanhua AWECO Appliance Systems GmbH. Konzernabschluss 2017. URL: https://www.bundesanzeiger.de (Stand: 30.10.2018).

Bundesministerium der Justiz und für Verbraucherschutz (Hrsg.) (2018i): Bundesanzeiger. Suchbegriff: OPS-INGERSOLL Funkenerosion GmbH. Jahresabschluss 2010/2011. URL: https://www.bundesanzeiger.de (Stand: 30.10.2018).

Bundesministerium der Justiz und für Verbraucherschutz (Hrsg.) (2018j): Bundesanzeiger. Suchbegriff: OPS-INGERSOLL Funkenerosion GmbH. Jahresabschluss 2016/2017. URL: https://www.bundesanzeiger.de (Stand: 30.10.2018).

Bundesministerium der Justiz und für Verbraucherschutz (Hrsg.) (2018k): Bundesanzeiger. Suchbegriff: EMAG Holding GmbH. Konzernabschluss 2009. URL: https://www.bundesanzeiger.de (Stand: 30.10.2018).

Bundesministerium der Justiz und für Verbraucherschutz (Hrsg.) (2018l): Bundesanzeiger. Suchbegriff: EMAG GmbH & Co. KG. Konzernabschluss 2016. URL: https://www.bundesanzeiger.de (Stand: 30.10.2018).

Bundesministerium für Wirtschaft und Energie (Hrsg.) (2014): German Mittelstand: Motor der deutschen Wirtschaft. Zahlen und Fakten zu deutschen mittelständischen Unternehmen. URL: http://www.bmwi.de/DE/Mediathek/puplikationen,did-=506316.html (Stand: 24.10.2018).

Bundesministerium für Wirtschaft und Energie (Hrsg.) (2017): Schlaglichter der Wirtschaftspolitik. Monatsbericht Oktober 2017. Berlin. URL: https://www.bmwi.de/Redaktion/DE/Publikationen/Schlaglichter-der-Wirtschaftspolitik/schlaglichter-der-wirtschaftspolitik-10-2017.pdf?__blob=publicationFile&v=35 (Stand: 29.10.2018).

Cantwell, J. / Barnard, H. (2008): Do firms from emerging markets have to invest abroad? Outward FDI and the competitiveness of firms. In: Sauvant, K. (Hrsg.), The Rise of Transnational Corporations from Emerging Markets, Cheltenham, S. 55–85.

Casciaro, T. / Piskorski, M. (2005): Power Imbalance, Mutual Dependence, and Constraint Absorption: A Closer Look at Resource Dependence Theory. In: Administrative Science Quarterly, Jg. 50 (2005), H. 2, S. 167–199.

Chen, V. / Li, J. / Shapiro, D. (2012): International reverse spillover effects on parent firms: Evidences from emerging-market MNEs in developed markets. In: European Management Journal, Jg. 30 (2012), H. 3, S. 204–218.

Crook, R. / Ketchen, D. / Combs, J. / Todd, S. (2008): Strategic Resources and Performance: A Meta-Analysis. In: Strategic Management Journal, Jg. 29 (2008), H. 11, S. 1141–1154.

Danhong, Z. (2018): Sany und Putzmeister: Eine perfekte Ehe? URL: https://www.dw.com/de/sany-und-putzmeister-eine-perfekte-ehe/a-42799320 (Stand: 30.10.2018).

Daschmann, H.-A. (1994): Erfolgsfaktoren mittelständischer Unternehmen. Ein Beitrag zur Erfolgsfaktorenforschung. Stuttgart.

Davis, G. / Cobb, A. (2010): Resource Dependence Theory: Past and Future. In: Research in the Sociology of Organizations, Stanford's Organization Theory Renaissance, 1970–2000, Jg. 28 (2010), H. 1, S. 21–42.

Deng, P. (2009): Why do Chinese firms tend to acquire strategic assets in international expansion? In: Journal of World Business, Jg. 44 (2009), H. 1, S. 74–84.

Deng, P. (2013): Chinese Outward Direct Investment Research: Theoretical Integration and Recommendations. In: Management and Organization Review, Jg. 9 (2013), H. 3, S. 513–539.

Deng, P. / Yang, M. (2015): Cross-border mergers and acquisitions by emerging market firms: A comparative investigation. In: International Business Review, Jg. 24 (2015), H. 1, S. 157–172.

Deutscher Industrie- und Handelskammertag e. V. (Hrsg.) (2017): Unternehmensnachfolge – die Herausforderung wächst. DIHK-Report zur Unternehmensnachfolge 2017. URL: https://www.dihk.de/ressourcen/downloads/dihk-nachfolgereport-2017.pdf/at_download/file?mdate=1515071426400 (Stand: 29.10.2018).

Deutscher Sparkassen- und Giroverband e. V. (Hrsg.) (2018): Sparkassen. URL: https://www.dsgv.de/sparkassen-finanzgruppe/organisation/sparkassen.html (Stand: 30.10.2018).

Deutsches Patent- und Markenamt (Hrsg.) (2018a): Patente. URL: https://register.dpma.de/register/htdocs/prod/de/hilfe/schutzrechtsarten/pat-gbm/index.html (Stand: 30.10.2018).

Deutsches Patent- und Markenamt (Hrsg.) (2018b): DPMAregister. Schutzrechtsart: Patent. Anmelder/ Inhaber/ Erfinder: Albert Ziegler GmbH. URL: https://register.dpma.de/DPMAregister/pat/einsteiger (Stand: 30.10.2018).

Deutsches Patent- und Markenamt (Hrsg.) (2018c): DPMAregister. Schutzrechtsart: Patent. Anmelder/Inhaber/Erfinder: Putzmeister. URL: https://register.dpma.de/DPMAregister/pat/einsteiger (Stand: 30.10.2018).

Deutsches Patent- und Markenamt (Hrsg.) (2018d): DPMAregister. Schutzrechtsart: Patent. Anmelder/Inhaber/Erfinder: Schwing GmbH. URL: https://register.dpma.de/DPMAregister/pat/einsteiger (Stand: 30.10.2018).

Deutsches Patent- und Markenamt (Hrsg.) (2018e): DPMAregister. Schutzrechtsart: Patent. Anmelder/Inhaber/Erfinder: AWECO. URL: https://register.dpma.de/DPMAregister/pat/einsteiger (Stand: 30.10.2018).

Deutsches Patent- und Markenamt (Hrsg.) (2018f): DPMAregister. Schutzrechtsart: Patent. Anmelder/Inhaber/Erfinder: OPS-INGERSOLL. URL: https://register.dpma.de/DPMAregister/pat/einsteiger (Stand: 30.10.2018).

Deutsches Patent- und Markenamt (Hrsg.) (2018g): DPMAregister. Schutzrechtsart: Patent. Anmelder/Inhaber/Erfinder: EMAG GmbH. URL: https://register.dpma.de/DPMAregister/pat/einsteiger (Stand: 30.10.2018).

Deutsches Patent- und Markenamt (Hrsg.) (2018h): Jahresbericht 2017. URL: https://www.dpma.de/docs/dpma/veroeffentlichungen/jahresberichte/jahresbericht2017.pdf (Stand: 30.10.2018).

Dreger, C. / Schüler-Zhou, Y. / Schüller, M. (2017): Chinesische Investoren verfolgen in Europa konventionelle Muster. In: DIW Wochenbericht Nr. 14 + 15/2017 vom 5. April 2017. URL: https://www.diw.de/documents/publikationen/73/diw_01.c.55 5732.de/17-14-1.pdf (Stand: 29.10.2018).

Dunning, J. / Kim, C. / Park, D. (2008): Old wine in new bottles: a comparison of emerging-market TNCs today and developed-country TNCs thirty years ago. In: Sauvant, K. (Hrsg.), The Rise of Transnational Corporations from Emerging Markets, Cheltenham, S. 158–182.

EMAG GmbH & Co. KG (Hrsg.) (2018): Presse. URL: https://www.emag.com/de/-presse.html (Stand: 30.10.2018).

Emerson, R. (1962): Power-Dependence Relations. In: American Sociological Review, Jg. 27 (1962), H. 1, S. 31–41.

Emons, O. (2013): Ausverkauf der Hidden Champions? Wie und warum chinesische Investoren deutsche Weltmarktführer übernehmen. URL: https://www.boeckler.de/pdf/mbf_emons_china1.pdf (Stand: 07.10.2018).

Ernst & Young GmbH (Hrsg.) (2018): Chinesische Unternehmenskäufe in Europa. Eine Analyse der M&A-Deals 2006–2018. URL: https://www.ey.com/Publication/vwLUAssets/ey-chinesische-unternehmenskaeufe-in-europa-juli-2018/$FILE/ey-chinesische-unternehmenskaeufe-in-europa-new.pdf (Stand: 23.09.2018).

European Union (Hrsg.) (2018): What is an SME? URL: http://ec.europa.eu/growth/smes/business-friendly-environment/sme-definition/ (Stand: 03.09.2018).

Flauger, J. (2018): Chinesen scheitern beim Einstieg ins deutsche Stromnetz. URL: https://www.handelsblatt.com/unternehmen/energie/netzbetreiber-50hertz-chinesen-scheitern-beim-einstieg-ins-deutsche-stromnetz/21107306.html (Stand: 29.10.2018).

Furtner, S. (2011): Management von Unternehmensakquisitionen im Mittelstand. Erfolgsfaktor Post-Merger-Integration. 2., überarbeitete Auflage, Wien.

Gaetzner, S. (2016): Greatoo erhöht Anteil an OPS. Automatisierungsspezialist mehrheitlich in chinesischer Hand. URL: https://www.ma-dialogue.de/greatoo-erhoeht-anteil-an-ops/ (Stand: 30.10.2018).

Gerstenberger, J. (2018): M&A-Deals im deutschen Mittelstand – Verarbeitendes Gewerbe besonders gefragt. In: KfW Bankengruppe (Hrsg.) (2018): KfW Research. Fokus Volkswirtschaft, Nr. 228. URL: https://www.kfw.de/PDF/Download-Center/Konzernthemen/Research/PDF-Dokumente-Fokus-Volkswirtschaft/Fokus-2018/Fokus-Nr.-228-Oktober-2018-M-A_Deals.pdf (Stand: 22.10.2018).

Grant, R. (1996): Prospering in Dynamically-competitive Environments: Organizational Capability as Knowledge Integration. In: Organization Science, Jg. 7 (1996), H. 4, S. 375–387.

Haberstock, P. / Schmitt, M. (2018): Chinesische Direktinvestitionen im deutschen Mittelstand. In: Finanzierung Leasing Factoring, Jg. 65 (2018), H. 3, S. 134–137.

Hagenlocher, O. (2011): Die EMAG Gruppe investiert in Asien. URL: https://www.emag.com/de/presse/neuigkeiten/detailansicht/article/die-emag-gruppe-investiert-in-asien.html (Stand: 30.10.2018).

Handelsblatt GmbH (Hrsg.) (2018): Peking öffnet Bankensektor. Keine Goldgräberstimmung in China. URL: https://www.handelsblatt.com/finanzen/banken-versicherungen/peking-oeffnet-bankensektor-keine-goldgraeberstimmung-in-china/20603838.html?ticket=ST-1890304-aI0XipgBzEAqiJ4fRbYF-ap1 (Stand: 03.11.2018).

Hanemann, T. / Huotari, M. (2015): Eine neue Ära chinesischen Kapitals. Chinesische Direktinvestitionen in Deutschland und Europa. URL: https://www.merics.org/sites/default/files/2018-07/COFDI_2015_DE_web.pdf (Stand: 23.09.2018).

Hillman, A. / Withers, M. / Collins, B. (2009): Resource Dependence Theory: A Review. In: Journal of Management, Jg. 35 (2009), H. 6, S. 1404–1427.

Hiort, M. / Hummitzsch, E. (2012): Die M&A-Landkarte wird größer – Unternehmensverkäufe an chinesische Unternehmen. In: Corporate Finance Law, Jg. 3 (2012), H. 5, S. 227–233.

Hofele, W. (2011): Feuerwehr-Ziegler in Giengen ist insolvent. URL: https://www.wirtschaft-regional.de/569648?aid=569648 (Stand: 30.10.2018).

Horzella, A. (2010): Wertsteigerung im M&A-Prozess. Erfolgsfaktoren – Instrumente – Kennzahlen. 1. Auflage, Wiesbaden.

Hua, S. / Fasse, M. (2018): BMW feiert China-Deal. In: Handelsblatt, Ausgabe Nr. 197, 12./13./14. Oktober 2018, S. 16.

IG Metall (Hrsg.) (2018): Aufatmen bei Putzmeister. URL: https://www.igmetall.de/chinesen-unterschreiben-standorttarifvertrag-9828.htm (Stand: 30.10.2018).

Institut für Mittelstandsforschung Bonn (Hrsg.) (2018a): KMU-Definition des IfM Bonn. URL: https://www.ifm-bonn.org/definitionen/kmu-definition-des-ifm-bonn/ (Stand: 03.09.2018).

Institut für Mittelstandsforschung Bonn (Hrsg.) (2018b): Mittelstandsdefinition des IfM Bonn. URL: https://www.ifm-bonn.org/definitionen/mittelstandsdefinition-des-ifm-bonn/ (Stand: 03.09.2018).

Institut für Mittelstandsforschung Bonn (Hrsg.) (2018c): Mittelstand im Überblick. Volkswirtschaftliche Bedeutung der KMU. URL: https://www.ifm-bonn.org/statistiken/mittelstand-im-ueberblick/#accordion=0&tab=0 (Stand: 03.10.2018).

Isgro, M. (2018): Industrie 4.0 Kooperation: EMAG erwirbt Anteile am Datenanalyse-Spezialisten anacision. URL: https://www.emag.com/de/presse/neuigkeiten/detailansicht/article/industrie-40-kooperation-emag-erwirbt-anteile-am-datenanalyse-spezialisten-anacision.html (Stand: 30.10.2018).

Jewgrafow, G. / Mayer, B. (2012): Beschleunigter Konsortialkredit im Sparkassengeschäft. In: Zeitschrift für das gesamte Kreditwesen, Jg. 65 (2012), H. 17, S. 874–875.

Jungbluth, C. (2013): Aufbruch nach Westen – Chinesische Direktinvestitionen in Deutschland. URL: https://www.bertelsmann-stiftung.de/fileadmin/files/BSt/The-men/Aktuelle_Meldungen/2014/03_Maerz/China_nach_dem_Volkskongress/-Aufbruch_nach_Westen_-_Chinesische_Direktinvestitionen_in_Deutschland.pdf (Stand: 28.10.2018).

Jungbluth, C. (2014): Going Global, Going West! Chinesische Direktinvestitionen in Deutschland. URL: https://www.bertelsmann-stiftung.de/fileadmin/files/user_upload/Asia_Policy_Brief_2014_03.pdf (Stand: 15.10.2018).

Jungbluth, C. (2016): Chance und Herausforderung. Chinesische Direktinvestitionen in Deutschland. URL: https://www.bertelsmann-stiftung.de/fileadmin/files/BSt/Publikationen/GrauePublikationen/NW_Chinesische_Direktinvestitionen.pdf (Stand: 24.10.2018).

Jungbluth, C. (2018): Kauft China systematisch Schlüsseltechnologien auf? Chinesische Firmenbeteiligungen in Deutschland im Kontext von „Made in China 2025". URL: https://www.bertelsmann-stiftung.de/fileadmin/files/BSt/Publikation-en/GrauePublika-tionen/MT_Made_in_China_2025.pdf (Stand: 23.09.2018).

KfW Bankengruppe (Hrsg.) (2018): KfW-Mittelstandspanel 2018. Keine Anzeichen von Müdigkeit: Mittelstand im Inland und Ausland auf Wachstumskurs. URL: https://www.kfw.de/PDF/Download-Center/Konzernthemen/Research/PDF-Dokumente-KfW-Mittelstandspanel/KfW-Mittelstandspanel-2018.pdf (Stand: 24.10.2018).

Kim, L. (1997): The Dynamics of Samsung's Technological Learning in Semiconductors. In: California Management Review, Jg. 39 (1997), H. 3, S. 86–100.

Küting, P. / Weber, C.-P. (2015): Die Bilanzanalyse. Beurteilung von Abschlüssen nach HGB und IFRS. 11., überarbeitete Auflage, Stuttgart.

Li, L. (2018): China's manufacturing locus in 2025: With a comparison of "Made-in-China 2025" and "Industry 4.0". In: Technological Forecasting and Social Change, Jg. 135 (2018), H. 1, S. 66–74.

Mai, H. (2017): Betreuung vermögender Familienunternehmer im Blick. URL: https://www.boersen-zeitung.de/index.php?li=1&artid=2017092807&artsubm=ueberblick&r=Banken%20&%20Finanzen (Stand: 31.10.2018).

Manager Magazin Verlagsgesellschaft mbH (Hrsg.) (2018): Chinesen kaufen nächsten Pumpenspezialisten. URL: http://www.manager-magazin.de/unternehmen/industrie/a-828561.html (Stand: 30.10.2018).

Manthey, N. / Schipporeit, C. (2010): Rechtliche Strukturierung. In: Schramm, M. / Hansmeyer, E. (Hrsg.), Transaktionen erfolgreich managen, München, S. 174–189.

Mathews, J. (2002): Competitive Advantages of the Latecomer Firm: A Resource-Based Account of Industrial Catch-Up Strategies. In: Asia Pacific Journal of Management, Jg. 19 (2002), H. 4, S. 467–488.

Mayer, A. (2012): 180 Mitarbeiter müssen gehen: Aweco macht in Neukirch seine Produktion dicht. URL: https://www.schwaebische.de/landkreis/bodenseekreis/neukirch_artikel,-180-mitarbeiter-m%C3%BCssen-gehen-aweco-macht-in-neukirch-seine-produktion-dicht-_arid,5190556.html (Stand: 30.10.2018).

NPG Digital GmbH (Hrsg.) (2018): Ziegler: Insolvenzverwaltung zahlt Geld an Gläubiger. URL: https://www.swp.de/suedwesten/staedte/giengen/ziegler_-insolvenzverwaltung-zahlt-geld-an-glaeubiger-23709325.html (Stand: 30.10.2018).

OPS-INGERSOLL Funkenerosion GmbH (Hrsg.) (2018): Gesellschafteränderung. URL: https://www.ops-ingersoll.de/unternehmen/aktuelles/Gesellschafter-aenderung-57.html (Stand: 30.10.2018).

Otto, J.-P. (2013): Erfahrungen deutscher Unternehmen mit chinesischen Investoren. URL: https://www.pwc.de/de/internationale-maerkte/assets/erfahrungen-deut-scher-unternehmen-mit-chinesischen-investoren-2013.pdf (Stand: 30.10.2018).

Penrose, E. (2009): The theory of the Growth of the Firm. 4. Auflage, Oxford.

Pfeffer, J. (1976): Beyond Management and the Worker: The Institutional Function of Management. In: The Academy of Management Review, Jg. 1 (1976), H. 2, S. 36–46.

Pfeffer, J. / Salancik, G. (2003): The External Control of Organizations. A Resource Dependence Perspective. Stanford.

Priewasser, E. (2001): Bankbetriebslehre. 7., erweiterte und vollständig überarbeitete Auflage, München.

Rabbiosi, L. / Elia, S. / Bertoni, F. (2012): Acquisitions by EMNCs in Developed Markets. An Organisational Learning Perspective. In: Management International Review, Jg. 52 (2012), H. 2, S. 193–212.

Ranft, A. / Lord, M. (2000): Acquiring new knowledge: The role of retaining human capital in acquisitions of high-tech firms. In: The Journal of High Technology Management Research, Jg. 11 (2000), H. 2, S. 295–319.

Reid, D. / Bussiere, D. / Greenaway, K. (2001): Alliance formation issues for knowledge-based enterprises. In: International Journal of Management Reviews, Jg. 3 (2001), H. 1, S. 79–100.

Reinemann, H. (2011): Mittelstandsmanagement. Einführung in Theorie und Praxis. Stuttgart.

Sanhua AWECO Appliance Systems GmbH (Hrsg.) (2018): History. URL https://www.sanhua-aweco.com/de/about-us/history (Stand: 30.10.2018).

Sarala, R. / Junni, P. / Cooper, C. / Tarba, S. (2014): A Sociocultural Perspective on Knowledge Transfer in Mergers and Acquisitions. In: Journal of Management, Jg. 42 (2016), H. 5, S. 1230–1249.

Schlecht, Karl (Hrsg.) (2018): Der Stifter. URL: http://www.karl-schlecht.de/ksg-stiftung/der-stifter/?F=2121121121208.1 (Stand: 30.10.2018).

Seibold, M. / Lauster, G. / Grunert, A. (2016): Bankfinanzierung. In: Freiherr von Reichenberg, W.-G. / Thies, A. / Wiechers, H. (Hrsg.), Handbuch Familienunternehmen und Unternehmerfamilien, Gestaltungspraxis in Zivil-, Gesellschafts- und Steuerrecht, Stuttgart, S. 387–419.

Shi, C. (2017): „Made in China 2025": Chinas Vision zu Industrie 4.0. In: Wirtschaftsinformatik & Management, Jg. 9 (2017), H. 2, S. 70–77.

Shimizu, K. / Hitt, M. / Vaidyanath, D. / Pisano, V. (2004): Theoretical foundations of cross-border mergers and acquisitions: A review of current research and recommendations for the future. In: Journal of International Management, Jg. 10 (2004), H. 3, S. 307–353.

Simmert, D. / Vonalt, J. / Niggemann & Partner (2017): Die Nachfolge wird globaler. URL: https://www.sparkassenzeitung.de/die-nachfolge-wird-globaler/150/154-/88387/ (Stand: 30.10.2018).

Simon, H. (2013): Hidden Champions – Die Avantgarde in Globalia. In: WiSt – Wirtschaftswissenschaftliches Studium, Jg. 42 (2013), H. 4, S. 185–191.

Star Alliance (Hrsg.) (2018): Mitglieder der Star Alliance. URL: https://www.staralliance.com/de/member-airlines (Stand: 04.09.2018).

Stroeder, D. (2008): Fundamentale Risiken im deutschen Mittelstand und Modelle zu ihrer Bewältigung. Entwicklung modularer, mittelstandsadäquater Risikobewältigungsstrategien auf Basis einer branchenübergreifenden empirischen Studie unter 421 mittelständischen Unternehmen. Stuttgart.

Sturm, W. / Henning, P. (2017): Chinesische Investitionen in Deutschland – Analyse bestehender und geplanter Beschränkungen. In: M&A Review, Jg. 28 (2017), H. 12, S. 442–447.

Thyssenkrupp AG (Hrsg.) (2018): Historie. URL: https://www.thyssenkrupp.com/de-/unternehmen/historie/ (Stand: 04.09.2018).

Tochtrop, M. (2018): Schwing-Betriebsratsvorsitzender: „Der Druck wird größer". URL: https://www.waz.de/staedte/herne-wanne-eickel/schwing-betriebsratsvorsitzender-der-druck-wird-groesser-id213676149.html (Stand: 30.10.2018).

Wirtz, B. (2014): Mergers & Acquisitions Management. Strategie und Organisation von Unternehmenszusammenschlüssen. 3. Auflage, Wiesbaden.

Wübbeke, J. / Meissner, M. / Zenglein, M. / Ives, J. / Conrad, B. (2016): Made in China 2025. The making of a high-tech superpower and consequences for industrial countries. URL: https://www.merics.org/sites/default/files/2017-09/MPOC_No.-2_MadeinChina2025.pdf (Stand: 04.10.2018).

Xia, J. / Ma, X. / Lu, J. / Yiu, D. (2014): Outward foreign direct investments by emerging market firms: A resource dependence logic. In: Strategic Management Journal, Jg. 35 (2014), H. 9, S. 1343–1363.

Xu, T. / Petersen, T. / Wang, T. (2012): Cash in Hand. Chinese Foreign Direct Investment in the U.S. and Germany. URL: https://www.bertelsmann-stiftung.de/fileadmin/files/BSt/Publikationen/GrauePublikationen/GP_Cash_in_Hand.pdf (Stand: 06.10.2018).

Zhang, Y. / Wu, X. / Zhang, H. / Lyu, C. (2018): Cross-Border M&A and the Acquirers' Innovation Performance: An Empirical Study in China. In: Sustainability, Open Access Journal, Jg. 10 (2018), H. 6, S. 1–25. URL: https://www.mdpi.com/2071-1050/10/6/1796/pdf (Stand: 26.10.2018).